Junior NKIERE MAKOLONI

CURSO DE INFORMÁTICA DO TERCEIRO ANO CG

Junior NKIERE MAKOLONI

CURSO DE INFORMÁTICA DO TERCEIRO ANO CG

ScienciaScripts

Imprint

Any brand names and product names mentioned in this book are subject to trademark, brand or patent protection and are trademarks or registered trademarks of their respective holders. The use of brand names, product names, common names, trade names, product descriptions etc. even without a particular marking in this work is in no way to be construed to mean that such names may be regarded as unrestricted in respect of trademark and brand protection legislation and could thus be used by anyone.

Cover image: www.ingimage.com

This book is a translation from the original published under ISBN 978-620-6-72074-4.

Publisher:
Sciencia Scripts
is a trademark of
Dodo Books Indian Ocean Ltd. and OmniScriptum S.R.L publishing group

120 High Road, East Finchley, London, N2 9ED, United Kingdom
Str. Armeneasca 28/1, office 1, Chisinau MD-2012, Republic of Moldova, Europe
Printed at: see last page
ISBN: 978-620-8-05764-0

PREFÁCIO

As iniciativas nacionais e internacionais tiveram um impacto em muitos sectores educativos. O crescimento da indústria informática levou a um aumento constante do número de especialistas neste sector e, por sua vez, ao rápido desenvolvimento de cursos de formação específica no ensino secundário e superior e à utilização da informática em todas as disciplinas. Simultaneamente, o desenvolvimento das TI deu origem a novos sistemas de representação, a novas competências, a novos papéis tanto para os professores como para os alunos, à descompartimentação das instituições educativas e a novos enquadramentos para além do ambiente escolar formal e dos professores existentes (Voogt & Knezek, 2008).

RESUMO

Todos os dias, as exigências e expectativas dos clientes atingem novos patamares, abrandando a procura de serviços digitais e em tempo real. Como resultado, as empresas modernas estão a investir na transformação digital e na automatização do negócio, o que envolve a integração de várias soluções de software (SaaS) e aplicações na nuvem. Com estes sistemas, as empresas podem digitalizar e automatizar os processos empresariais em marketing, vendas, serviço ao cliente, recursos humanos e todos os outros departamentos. Estes sistemas integrados fazem parte do ecossistema informático integrado da empresa.

No entanto, com cada nova solução de software que uma empresa integra, a gestão destas ligações e a troca de dados acaba por ser cada vez mais difícil. Na ausência de uma plataforma adequada para integrar todos estes sistemas, os benefícios da transformação digital e da automatização das empresas são ofuscados por um grande problema: um ambiente informático emaranhado.

OBJECTIVO GERAL

No final do terceiro ano do curso de humanidades empresariais e de gestão, os alunos serão capazes de utilizar ferramentas informáticas para introduzir documentos e resolver problemas contabilísticos e financeiros complexos.

OBJECTIVOS ESPECÍFICOS

No final deste curso, qualquer aluno que o tenha seguido assiduamente

será capaz de :

- Saiba mais sobre a formatação de texto e outras ferramentas de processamento de texto;
- Utilizar a Internet para correspondência;
- Gravar informações em CD ou DVD;
- Ordenar os dados por ordem crescente ou decrescente de acordo com os critérios definidos;
- Filtrar os dados utilizando o método simples e personalizado;
- Apresentar os dados de forma gráfica;
- Calcular o valor ganho e o valor atual dos juros compostos e da anuidade.

CAPÍTULO I
CONCEITOS BÁSICOS (2)^{EME}

I.1. SELECÇÃO DE UM TEXTO

No Word, pode selecionar todo o texto de um documento (Ctrl+A), ou selecionar texto ou itens específicos numa tabela utilizando o rato ou o teclado. Também é possível selecionar texto ou elementos localizados em pontos diferentes. Por exemplo, pode selecionar um parágrafo numa página e uma frase noutra.

Selecionar todo o texto

1. Clique em qualquer parte do documento.

2. Prima Ctrl+A no seu teclado para selecionar todo o texto do documento.

Selecionar um texto específico

Também é possível selecionar uma palavra, uma linha de texto ou um ou mais parágrafos específicos.
1. Coloque o cursor em frente da primeira letra da palavra, frase ou parágrafos que pretende selecionar.
2. Clique e mantenha premido o botão do rato enquanto arrasta o cursor para selecionar o texto pretendido.

Outras formas de selecionar texto

Para selecionar uma única palavra, faça rapidamente duplo clique sobre ela.

Para selecionar uma linha de texto, coloque o cursor no início da linha e, em seguida, prima Shift+Seta para baixo.

Para selecionar um parágrafo, coloque o cursor no início do parágrafo e, em seguida, prima Ctrl+Shift+Seta para baixo.

I.2. FORMATO DO TEXTO (estilo, tamanho, tipo de letra, cor) Ênfase acrescentada)

I.2.1. MUDAR DE ESTILO

Pode modificar um estilo diretamente na galeria Estilos, sem utilizar o texto do seu documento.

1. No separador Página **inicial**, clique com o botão direito do rato num estilo na galeria Estilos e clique em **Editar**.

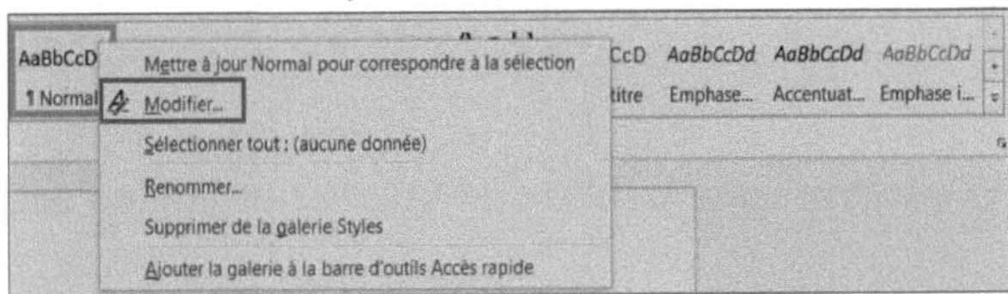

2. Na secção **Formatação**, faça as alterações de formatação pretendidas (por exemplo, estilo, tamanho ou cor do tipo de letra, alinhamento, espaçamento entre linhas ou indentação).

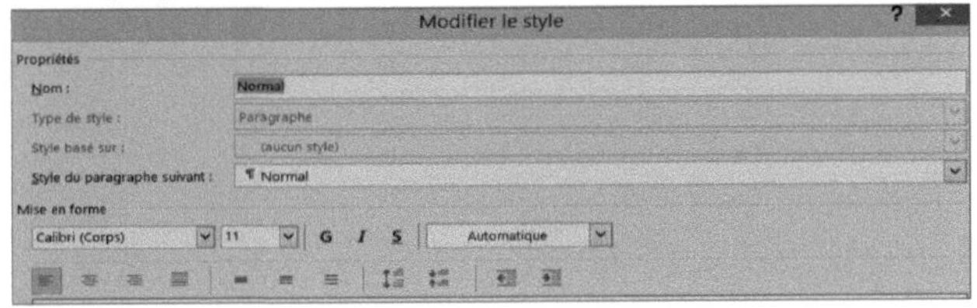

3. Indique se a alteração de estilo deve ser aplicada ao documento ou a todos os seus futuros documentos.

I.2.2. ALTERAÇÃO DA DIMENSÃO

Para alterar o tamanho do tipo de letra do texto selecionado no Excel, PowerPoint ou Word :

1. Selecione o texto ou as células cujo texto pretende alterar. Para selecionar todo o texto de um documento do Word, prima Ctrl +A.

2. No separador Página **inicial**, clique no tamanho do tipo de letra no campo

Tamanho de letra .

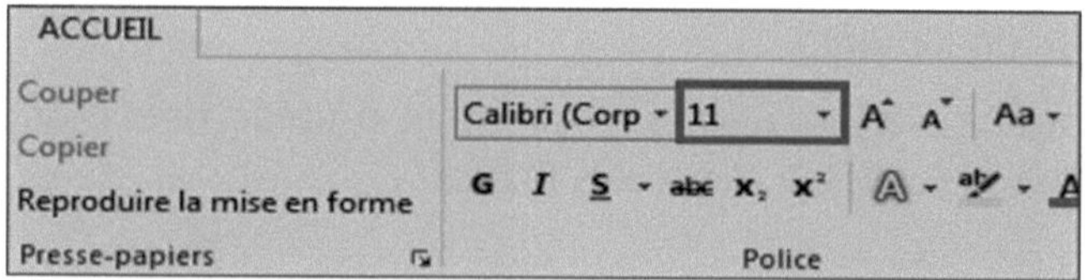

Também pode escrever o tamanho que quiser nos limites seguintes:

● Excel: entre 1 e 409, entre 1 e 409, em múltiplos de .5 (por exemplo, 10,5 ou 105,5)

● PowerPoint: entre 1 e 3600, em múltiplos de .1 (por exemplo, 10,3 ou 105,7)

● Palavra: entre 1 e 1638, em múltiplos de 0,5 (por exemplo, 10,5 ou 105,5)

Conselhos :

● Quando seleciona texto, é apresentada uma mini-barra de ferramentas junto ao cursor. Também pode alterar o tamanho do texto nesta barra de ferramentas

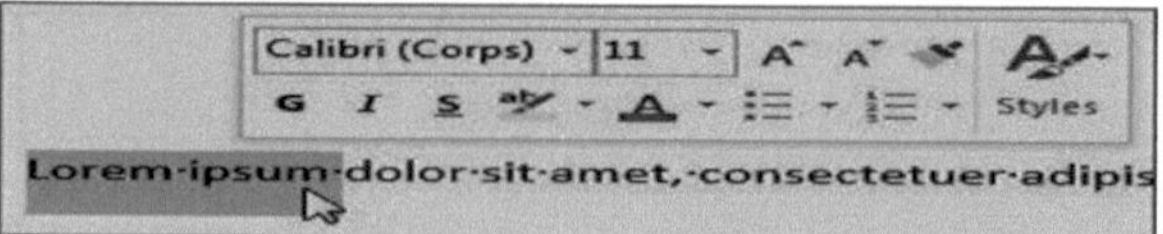

● Também pode clicar nos ícones **Aumentar** o tamanho do **tipo** de letra ou **Diminuir o tamanho do tipo de letra** (**Aumentar o tipo** de **letra** e **Diminuir o tipo de letra** em algumas versões anteriores dos programas do Office) até que o tamanho pretendido seja apresentado na área **Tamanho** do tipo de letra.

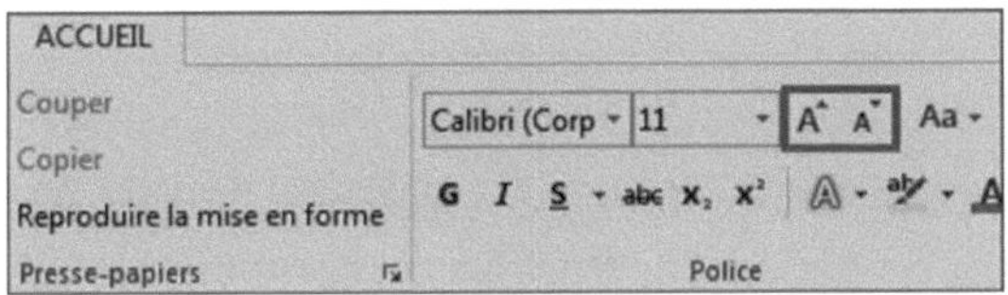

I.2.3. ALTERAR A COR DE UM TEXTO

Pode alterar a cor do texto no seu documento Word.

1. Selecione o texto que pretende alterar.

2. No separador Página **inicial**, no grupo **Tipo de letra**, selecione a seta junto a **Cor do tipo de letra** e, em seguida, selecione uma cor.

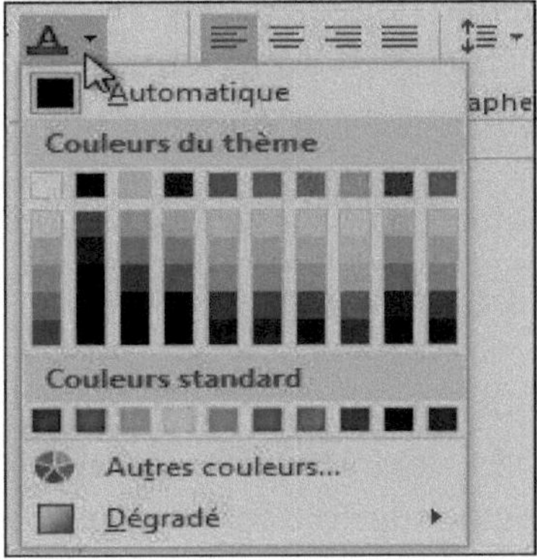

Também pode utilizar as opções de formatação na mini-barra de ferramentas para formatar rapidamente o texto. A mini-barra de ferramentas é automaticamente apresentada quando se seleciona texto.

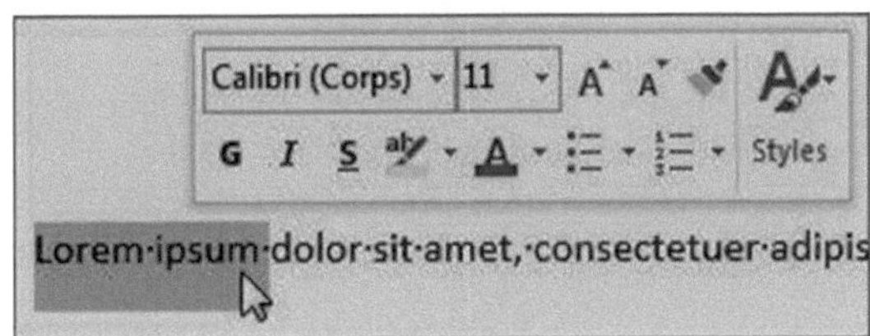

Conselhos :

• Se não encontrar a cor pretendida, selecione **Outras cores** e, em seguida, uma cor do separador **Padrão** ou combine a sua própria cor no separador **Personalizado**.

• Para alterar a cor, a transparência e a sombra do texto, selecione **Gradiente**. A ferramenta Gradiente não está disponível no Word 2007.

I.2.4. SUBLINHAR O TEXTO

Para sublinhar texto, basta tocar no texto que pretende sublinhar. Clique e arraste no texto que pretende sublinhar para realçar a sua seleção. Prima a tecla "CTRL" e a tecla "U" no teclado ao mesmo tempo. Para parar de sublinhar, prima novamente "CTRL" e "U". Para sublinhar utilizando os menus do Microsoft Word, clique e arraste sob o texto que pretende sublinhar para realçar a sua seleção. Clique no separador "Página inicial" no lado esquerdo da Faixa de Opções. Clique no botão "U ou S", no lado esquerdo da Faixa de Opções, na categoria "Fonte".

I.2.5. ALINHAMENTO DE PARÁGRAFOS

O alinhamento do texto é um atributo de formatação de parágrafos que determina o aspeto do texto num parágrafo. Por exemplo, num parágrafo alinhado à esquerda (o alinhamento mais comum), o texto é alinhado na margem esquerda. Num parágrafo justificado, o texto é alinhado em ambas as margens.

①alinhar texto à esquerda;② centrar texto;③ alinhar texto à direita;④ justificar texto;⑤ distribuir texto

I.3. EXERCÍCIOS DE APLICAÇÃO (Lista com marcadores, número,...)

A forma mais fácil de criar uma lista com marcadores ou numerada é introduzir o texto para a lista, seleccioná-lo e depois clicar nos botões Lista com marcadores ou Lista numerada no Painel de controlo. Estes botões podem ser utilizados para ativar e desativar a opção de lista ou para transformar uma lista com marcadores numa lista numerada e vice-versa. Também é possível incluir atributos de marcadores e números num estilo de parágrafo e gerar uma lista atribuindo um estilo aos parágrafos.

Nota:

Os caracteres de marcadores e números gerados automaticamente não são efetivamente inseridos no texto. Consequentemente, não podem ser procurados utilizando a função de procura de texto, nem podem ser selecionados utilizando a ferramenta Texto se não tiverem sido primeiro convertidos em texto. Os marcadores e números também não aparecem na janela do modo de editor (exceto na coluna de estilo de parágrafo).

Para criar uma lista de marcadores ou de números, faça o seguinte:

1. Selecione os parágrafos que compõem a lista ou clique no local onde pretende que a lista comece para criar um ponto de inserção.
2. Utilize um dos seguintes métodos:

● Clique no botão   'Bulleted List' ou 'Numbered List' no painel de controlo (no modo Parágrafo). Mantendo pressionada a tecla Alt (Windows) ou Option (Mac OS), clique em um botão para exibir a caixa de diálogo Marcadores e numeração;
● Escolha o comando 'Marcadores e numeração' no painel 'Parágrafo' ou no painel 'Comando'. Para 'Tipo de lista', escolha 'Marcadores' ou 'Números'. Especifique os parâmetros necessários e clique em OK.
● Aplicar um estilo de parágrafo que inclua marcadores ou números.
3. Para continuar a lista no parágrafo seguinte, deslocar o ponto

até ao fim da lista e prima Enter ou Return.

Para terminar a lista (ou uma secção da lista, se a lista tiver de continuar mais tarde no artigo), clique novamente no botão Lista com marcadores ou Lista numerada, no Painel de controlo, ou selecione o comando Marcadores e numeração, no menu do painel Parágrafo.

I.4. NUMERAÇÃO DAS PÁGINAS

Numerar as páginas de um documento Word pode ser necessário em certos casos: para um trabalho académico, um texto com um índice ou qualquer documento que seja um pouco volumoso.

A numeração de páginas é automática no Word. Para além de a ativar, é possível definir uma série de parâmetros de formatação opcionais.

1. Clique no separador **Inserir**.

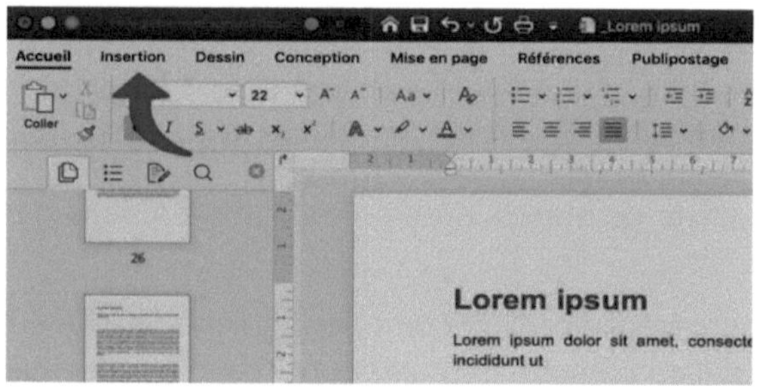

2. Clique no botão **Número da página**. Se não aparecer, redimensione a janela para ecrã inteiro.

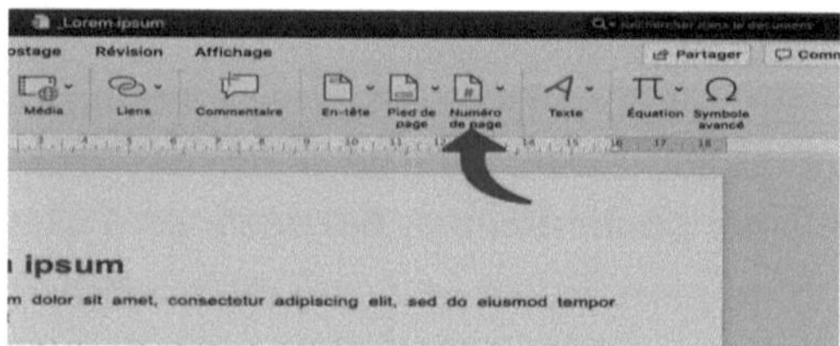

3. No menu pendente, selecione a opção **Número de página**.

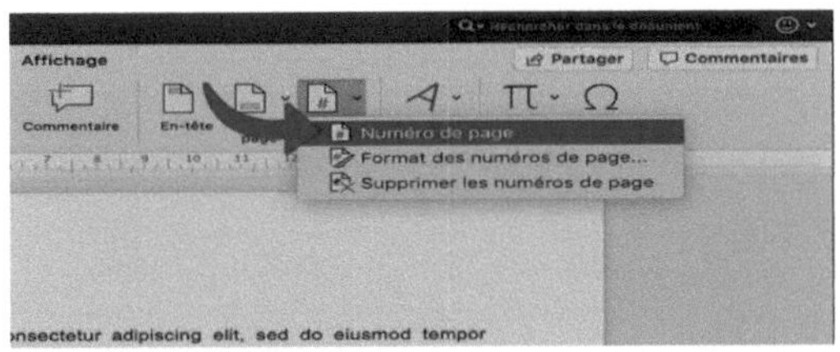

4. A janela que se abre permite-lhe escolher se o número de página será apresentado na parte superior ou inferior da página, bem como o seu alinhamento. Desmarque a caixa **Iniciar a numeração na primeira página** se não pretender que a capa do documento seja numerada (esta será tida em conta). Se desejar, clique no botão Formatar. Caso contrário, vá diretamente para o passo 6.

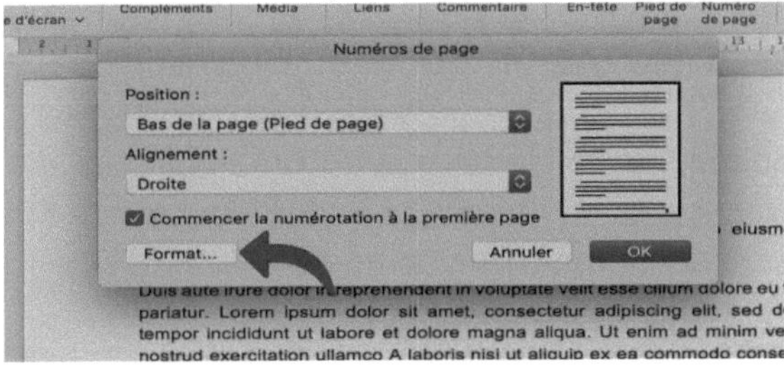

5. A janela **Formato do número de página** permite-lhe alterar o tipo de paginação e iniciar a numeração a partir de qualquer número superior a 1. Quando tiver terminado, clique em **OK**.

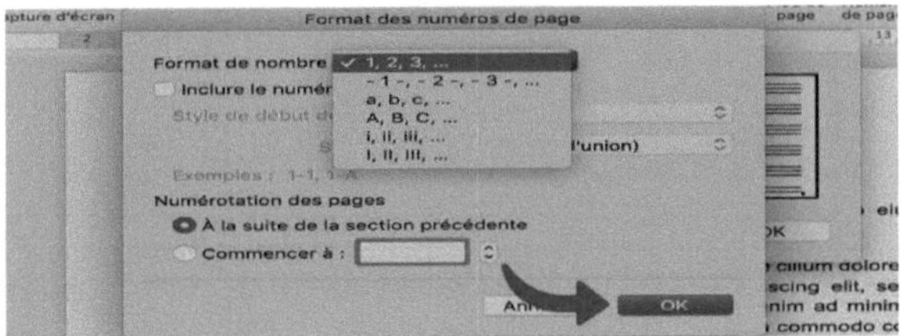

6. Clique novamente em **OK** para aplicar as alterações.

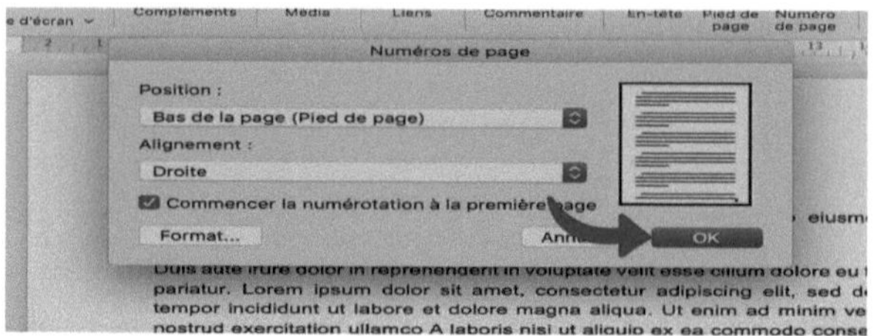

Os números de página complementam a tabela automática de conteúdos. Este recupera automaticamente os títulos dos seus capítulos e lista-os num índice colocado no início ou no fim do seu documento.

I.5. INSERÇÃO DE NOTAS DE RODAPÉ PÁGINA

As notas de rodapé são utilizadas nos documentos para dar explicações, acrescentar comentários ou fornecer referências a um ponto que tenha sido referido no documento. As notas de rodapé aparecem geralmente no fim da página.

Para adicionar uma nota de rodapé, siga estes passos :

1. Clique no local onde pretende adicionar uma página de nota de rodapé.

2. Clique em **Referências > Inserir uma nota de rodapé**.

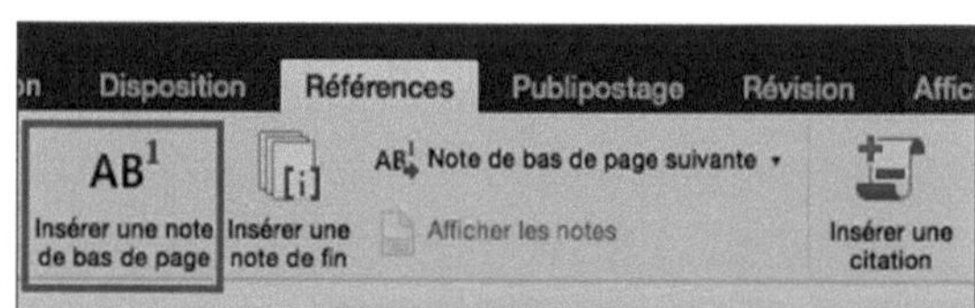

O Word insere uma marca de referência no texto e adiciona a marca de nota de rodapé na parte inferior da página.

3. Escreva o texto da nota de rodapé.

Sugestão: Para voltar ao ponto em que se encontrava no documento, faça duplo clique no marcador de nota de rodapé.

I.6. INSERIR UM GRÁFICO

Para inserir um gráfico simples a partir do zero no Word, clique em **Inserir** > **Gráfico** e, em seguida, selecione o gráfico pretendido.

1. Clique em **Inserir** > **Gráfico**.

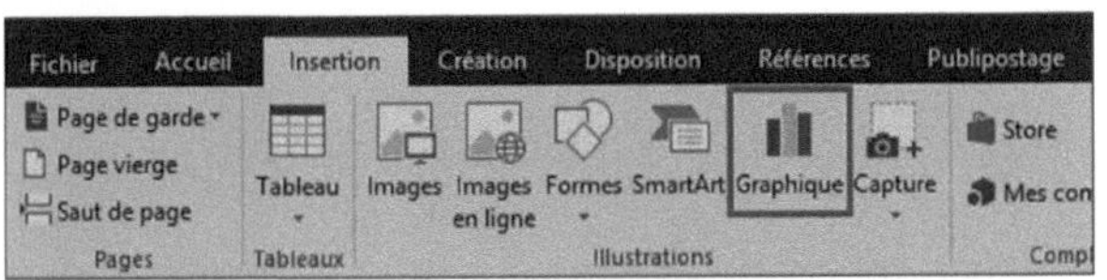

2. Clique no tipo de gráfico e, em seguida, faça duplo clique no carrinho pretendido.

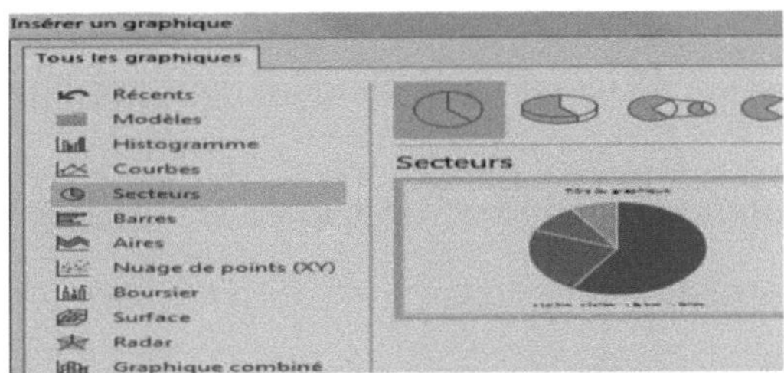

Sugestão: Para o ajudar a escolher o tipo de gráfico mais adequado aos seus dados, consulte Tipos de gráficos disponíveis.

3. Na folha de cálculo que se abre, substitua os dados por defeito pelas suas informações.

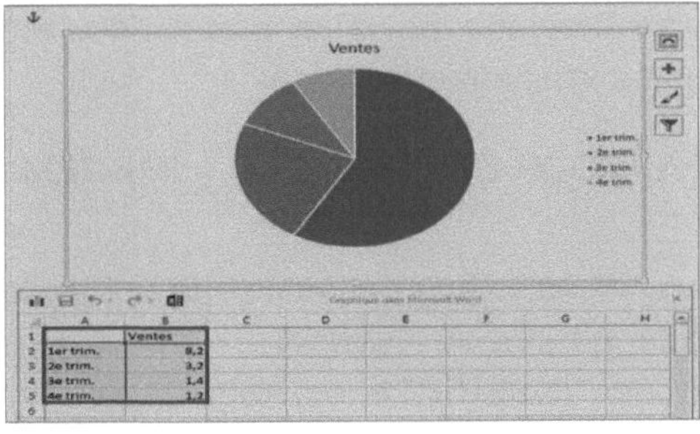

Sugestão: Quando insere um gráfico, aparecem pequenos botões no canto superior direito. Utilize o botão graphics para exibir, ocultar ou

formatar elementos como
tais como títulos de eixos ou etiquetas de dados. Também pode utilizar
o **botão** Chart styles para alterar rapidamente a cor ou o estilo do
gráfico. O **botão** Filtros
graph é uma opção mais avançada que apresenta ou oculta os dados no
seu gráfico.

4. Quando tiver terminado, feche a folha de cálculo.

5. Se desejar, utilize o botão **Opções** layout para organizar os
gráficos e o texto no seu documento.

I.7. INSERIR UMA IMAGEM

Existem duas formas de inserir uma imagem num documento Word:

- utilizando o comando "Imagem" no separador "INSERIR

- com clique e arrastamento

Dica!

Lembre-se que a imagem inserida aparecerá sempre no ponto de
inserção (a localização no documento onde se encontra a barra de
inserção intermitente). Para evitar surpresas, clique no documento para
colocar o ponto de inserção no local pretendido, antes de inserir a
imagem. É aqui que a imagem aparecerá.

MÉTODO 1: SEPARADOR DE INSERÇÃO > IMAGEM

1. No documento do Word, clique no local onde pretende inserir a
imagem para colocar a barra de inserção.
2. Clique no separador "INSERIR" e, em seguida, em "Imagens".

3. Na caixa de diálogo "Inserir uma imagem", localize a pasta que contém a imagem que pretende, clique na imagem para a selecionar e, em seguida, clique no botão "Inserir".

MÉTODO 2: CLICAR E ARRASTAR

Se precisar de inserir várias imagens, o método de clicar e arrastar torna a tarefa mais rápida e fácil. Primeiro, coloque todas as imagens na mesma pasta e proceda da seguinte forma:

1. No documento do Word, clique no local onde pretende inserir a imagem para colocar a barra de inserção.
2. Abra a pasta que contém a imagem.

3. Organize as janelas de modo a que tanto a janela da pasta como a janela do documento do Word fiquem visíveis.
4. Clique na imagem e, mantendo o botão do rato premido, arraste-a para o seu documento

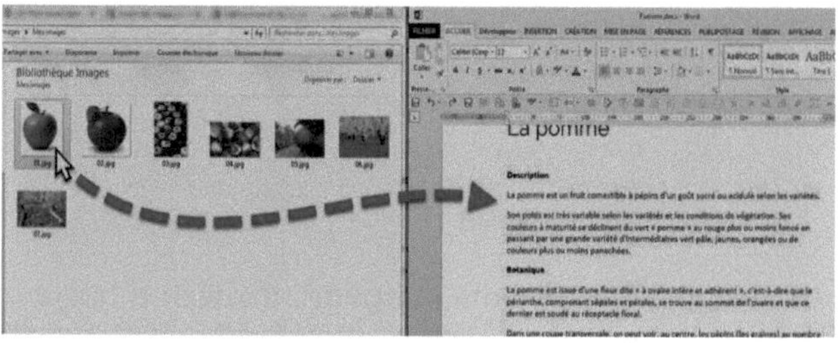

As imagens podem ser arrastadas a partir do ambiente de trabalho, de uma janela numa pasta aberta (como acima) ou de outra aplicação (com excepções). Elas também podem ser arrastadas entre dois documentos do Word.

I.8. CRIAR TABELAS COMPLEXAS

O Word tem uma função dedicada que lhe permite criar uma tabela muito facilmente. No seu documento Word ativo, clique no separador "Inserir" e selecione o ícone "Tabela". Em seguida, o Word pede-lhe simplesmente que selecione o número de linhas e colunas que pretende para a sua tabela **diretamente com o cursor**. Com um clique, o software insere o número selecionado de linhas e colunas no documento.

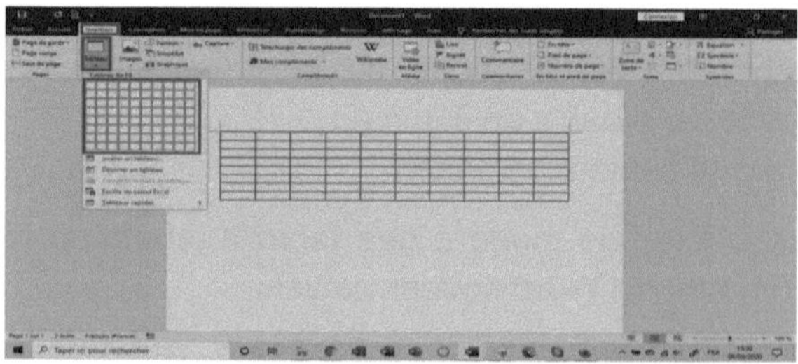

Mas também existem outras formas de criar tabelas no Word, como a opção 'Inserir uma tabela' logo abaixo da grelha. Se clicar nesta opção, aparece uma caixa de diálogo com várias opções que lhe permitem personalizar a tabela antes de a criar. Em primeiro lugar, especifica-se o número de colunas e linhas. Também pode definir **a largura das colunas**. Pode definir uma largura de coluna fixa ou deixar que o Word a defina automaticamente. O software determina então a largura da coluna de acordo com o conteúdo ou o tamanho da janela.

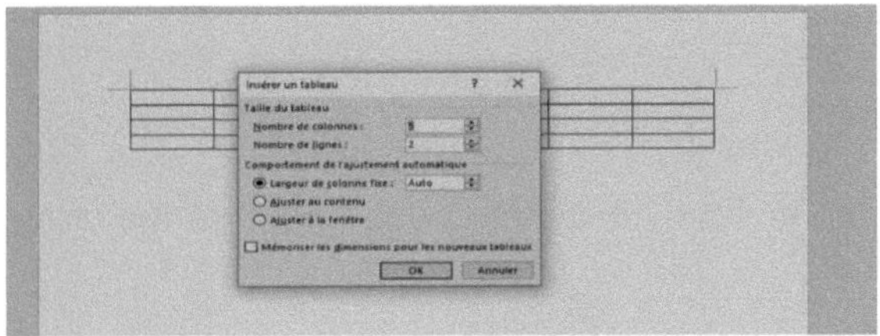

Defina as dimensões exactas da largura das colunas da sua tabela. Há outra funcionalidade que lhe permite **desenhar tabelas**. Pode desenhar uma célula de qualquer tamanho e depois adicionar linhas e colunas extra para criar a sua tabela passo a passo.

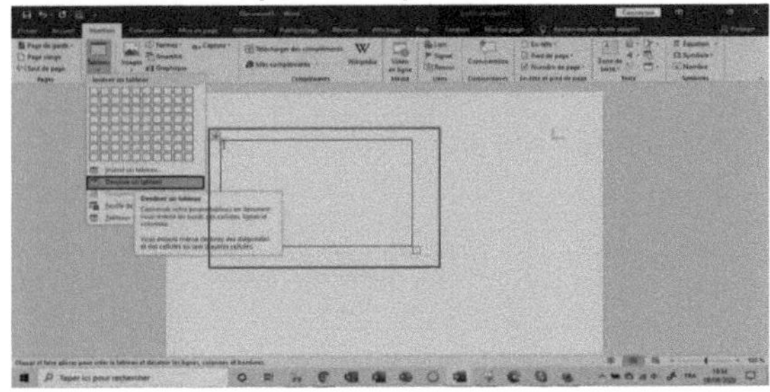

Utilize o cursor para desenhar uma célula para criar a sua tabela.

É bom saber: se o seu **documento já contém dados a serem processados**, existe uma função que lhe permite converter os seus dados numa tabela. Tudo o que precisa de fazer é formatar previamente os seus dados, criando linhas diferentes para palavras ou números e separando-os com separadores. O Word determinará então como dividir o conteúdo em linhas e colunas. Em seguida, selecione o texto que pretende converter e clique em "Tabela" no menu "Converter texto em tabela...". Quando a caixa de diálogo se abrir, certifique-se de que o Word teve corretamente em conta a divisão entre colunas e linhas e, em seguida, crie a sua tabela.

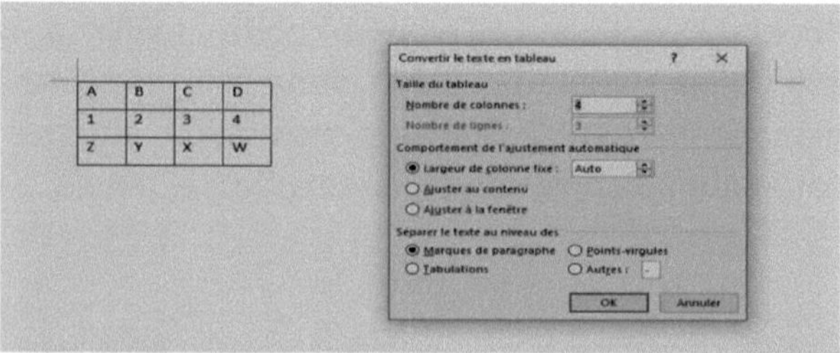

Se o documento já contiver dados, pode convertê-los diretamente numa tabela do Word.

CAPÍTULO II
LEMBRETE DOS DOCUMENTOS ANEXADOS

Um ficheiro anexo é um documento informático que acompanha uma mensagem de correio eletrónico. Pode assumir várias formas, tais como ficheiros Word ou Excel, imagens, sons, etc.[1]
Também pode ser definido como um ficheiro informático enviado ao mesmo tempo que uma mensagem de correio eletrónico. Os documentos anexados são também conhecidos como[2] attachments.

II.1. ESTUDO DE CASO SOBRE A ANEXAÇÃO DE DOCUMENTOS (WORD, EXCEL.)

Utilizando o MS Word e o Excel, é possível ligar documentos entre si, incorporando-os. Incorporar um documento ou ficheiro do Excel num documento do Word significa que pode ver a folha de cálculo do Excel no documento do Word e que quaisquer alterações que faça ao ficheiro do Excel aparecem no documento do Word. O mesmo se aplica aos documentos do Word ligados a documentos do Excel.

1) Abra o documento do Word e escolha "Inserir" na barra de menus e, em seguida, "Objeto".

2) Selecione "Folha de Excel" na caixa de diálogo que se abre e, em seguida, clique no botão "Selecionar um ficheiro" na parte inferior da caixa de diálogo.

3) Escolha a folha de cálculo Excel que pretende inserir e clique em "Inserir".

4) Para editar o documento do Excel, faça duplo clique sobre ele no documento do Word. Isso abrirá o documento do Excel em uma janela separada. Faça as alterações e salve os dois arquivos para salvar o trabalho. As alterações feitas no arquivo do Excel também aparecerão no documento do Word.Inserindo um documento do Word na planilha do Excel ;

5) Abra a folha de cálculo do Excel e escolha "Inserir" na barra de menus e, em seguida, "Objeto";

6) Selecione "Documento Word" na caixa de diálogo que se abre e, em seguida, clique no botão "Selecionar um ficheiro" na parte inferior da

caixa de diálogo;

7) Escolha o documento do Word que pretende inserir e clique em "Inserir";

8) Para editar o documento Word, faça duplo clique sobre ele no documento Excel, da mesma forma que descrito acima. Quando terminar, guarde o seu trabalho em ambos os ficheiros. Mais uma vez, as alterações que fizer no documento Word também aparecerão na folha de cálculo Excel.

II.2. ENVIAR UM ANEXO DE DOCUMENTO

O procedimento é o mesmo para todos os webmails e software de correio eletrónico.

Para enviar um ficheiro anexado, comece por criar uma nova mensagem e, em seguida, clique no comando adequado (Anexar ou Anexar um ficheiro) na barra de ferramentas do seu webmail ou software de correio eletrónico. Em seguida, é necessário navegar no disco rígido para selecionar o ficheiro que pretende enviar.

Mas a forma mais fácil de anexar um ficheiro a um e-mail é **arrastar o ícone** do documento que pretende enviar para a caixa de entrada do e-mail.

Note-se que, quando se anexa um ficheiro a uma mensagem de correio eletrónico, é sempre preferível mencioná-lo na própria mensagem.

II.3. RECEPÇÃO DE UM OU MAIS DOCUMENTOS ANEXOS(Descarregar)

* No seu navegador da Web, depois de iniciar sessão na sua conta Gmail, na lista de mensagens na **Caixa de entrada**, clique no **assunto do e-mail** (e não no anexo, mesmo que este esteja visível logo abaixo do assunto).

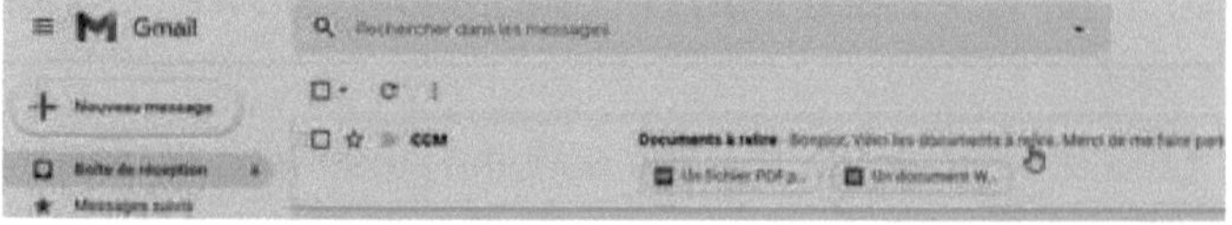

- Na mensagem de correio eletrónico, coloque o ponteiro do rato sobre o anexo que pretende recuperar, **sem clicar nele** (se clicar nele, ser-lhe-á pedido para ver uma pré-visualização do ficheiro).
- O ícone **Descarregar** (que representa uma seta para baixo) aparece sobreposto ao anexo: clique no ícone **Descarregar**.

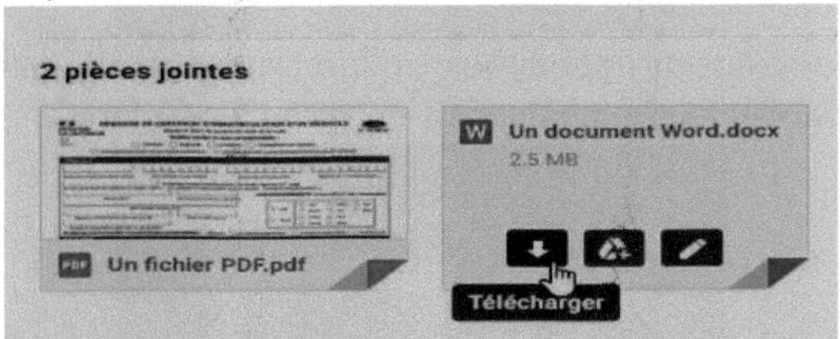

- E se tiver clicado no anexo mas não no botão **Transferir**? Não há problema! Acabou de pedir ao Gmail para lhe mostrar uma pré-visualização do ficheiro. Por exemplo, prima a tecla **Escape** ou clique no ícone **Fechar** no canto superior esquerdo da janela, que representa uma seta para a esquerda. Ou então.

- . Se o Gmail apresentar uma pré-visualização do documento recebido como anexo, clique no botão **Transferir** no canto superior direito da janela de pré-visualização do ficheiro.

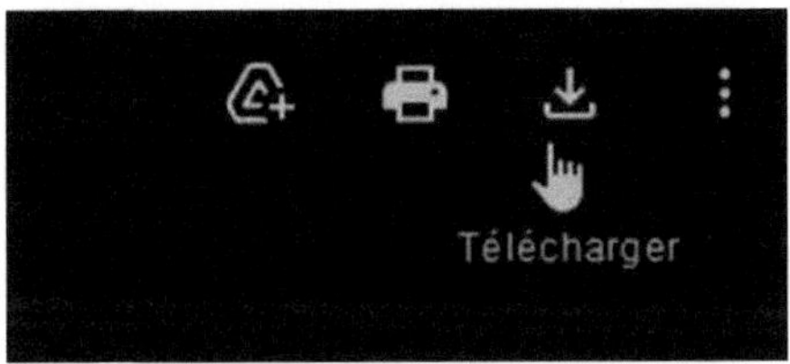

- . Ou o Gmail não consegue apresentar uma pré-visualização do documento e sugere automaticamente que guarde o ficheiro no seu disco rígido: clique no botão **Transferir**.

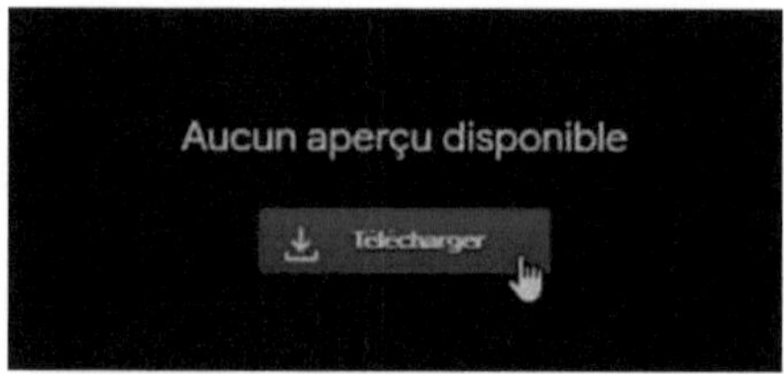

- Se o Gmail sugerir aplicações online para abrir o documento (ver ilustração abaixo), ignore-as e clique no botão **Transferir**.

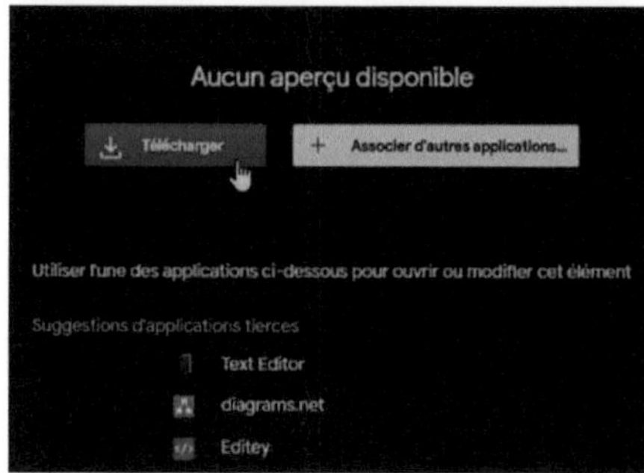

- Alguns navegadores descarregam o anexo diretamente, enquanto outros lhe pedem para confirmar o registo: só tem de aceitar, como se mostra abaixo no Firefox para Windows.

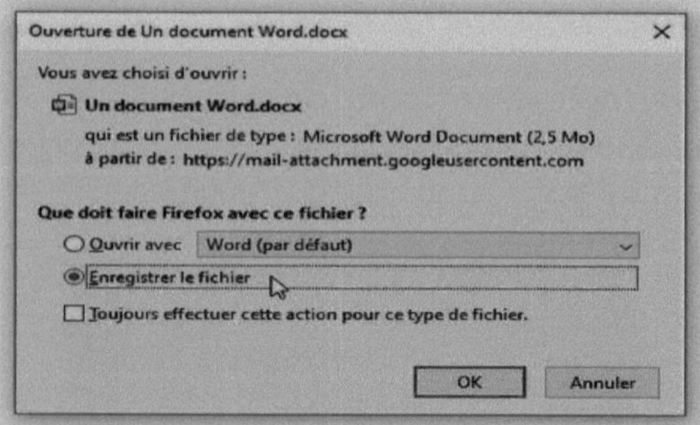

- O ficheiro é descarregado pelo seu browser e pode ser encontrado na sua pasta **Downloads**, tanto no Windows como no Mac (pelo menos se não tiver alterado as opções do seu browser).
- Se o nome do ficheiro anexado terminar em .zip, trata-se de um ficheiro comprimido e deve ser descomprimido:

Tenha em atenção que, se for o remetente da mensagem e o destinatário não lhe tiver respondido, o e-mail não aparecerá na sua **Caixa de entrada**. No entanto, pode aceder à pasta **Mensagens enviadas** do Gmail, abrir o e-mail e transferir os respectivos anexos.

II.4. TIRAR UMA FOTOGRAFIA COM UMA CÂMARA DIGITAL

As câmaras digitais tornaram-se uma parte essencial das nossas vidas. Ajudam-nos a captar e a preservar memórias do nosso quotidiano.

Como é que a câmara capta uma imagem?

Uma câmara digital capta uma imagem utilizando um sensor de imagem. O sensor de imagem é um dispositivo eletrónico que converte a imagem ótica num sinal elétrico. Quando se prime o botão do obturador, a câmara abre o obturador, permitindo a entrada de luz na câmara. Esta luz é focada pela lente no sensor de imagem, que a converte num sinal elétrico. O sinal elétrico é então processado pelo processador de imagem da câmara para formar uma imagem digital.

As diferentes partes de uma câmara

Uma câmara digital é constituída por vários componentes que trabalham em conjunto para captar e apresentar uma imagem. A lente é a parte mais importante da câmara, focando a luz no sensor de imagem. O sensor de imagem é o dispositivo eletrónico que converte a imagem ótica num sinal elétrico. O botão do obturador controla a abertura e o fecho do obturador da câmara, permitindo a entrada de luz na câmara. O processador de imagem transforma o sinal elétrico numa imagem digital. O ecrã LCD apresenta a imagem captada.

Como é que a fotografia digital transforma um objeto numa imagem?

A fotografia digital transforma um objeto numa imagem, captando a luz reflectida pelo objeto e transformando-a numa imagem digital. O sensor de imagem capta a luz e converte-a num sinal elétrico, que é depois processado pelo processador de imagem da câmara para formar uma imagem digital. A imagem digital pode então ser armazenada num cartão de memória ou apresentada no ecrã LCD da câmara.

O órgão responsável pela restauração da imagem do lado direito

O órgão responsável pela apresentação da imagem do lado direito é o cérebro. Os nossos olhos vêem o mundo de cabeça para baixo e é o cérebro que corrige esta orientação e faz com que apareça do lado direito. Do mesmo modo, quando olhamos para uma imagem no ecrã LCD de uma máquina fotográfica ou no ecrã de um computador, o nosso cérebro processa-a e vira-a para o lado direito.

Então, onde é que a imagem é formada na câmara?

A imagem é formada no sensor de imagem da câmara. O sensor de imagem é um dispositivo eletrónico retangular que capta a luz e a converte num sinal elétrico. O sensor de imagem está localizado atrás da lente e é a parte mais importante da câmara que capta a imagem. Em conclusão, as câmaras digitais captam uma imagem utilizando um sensor de imagem que converte a imagem ótica num sinal elétrico. A imagem é depois processada pelo processador de imagem da câmara para formar uma imagem digital. O ecrã LCD apresenta a imagem captada e o nosso cérebro volta a colocá-la no sítio certo. Compreender como uma câmara digital capta e apresenta uma imagem pode ajudá-lo a tirar melhores fotografias e a apreciar a tecnologia que lhe está subjacente.

II.5. RECUPERAÇÃO NA MÁQUINA

Depois de abrir e visualizar um anexo, pode optar por guardá-lo no computador. Se um e-mail contiver vários anexos, pode guardá-los como um grupo ou individualmente.

Eis como se registar :
1. Clique no anexo no painel de leitura ou na mensagem aberta.

2. No separador **Anexos**, no grupo **Acções**, clique em **Guardar como**. Em alternativa, clique com o botão direito do rato no anexo e clique em **Guardar como**. Para selecionar vários anexos, mantenha premida a tecla Ctrl enquanto seleciona os anexos. Para salvar todos os anexos, selecione **Salvar todos os anexos**.

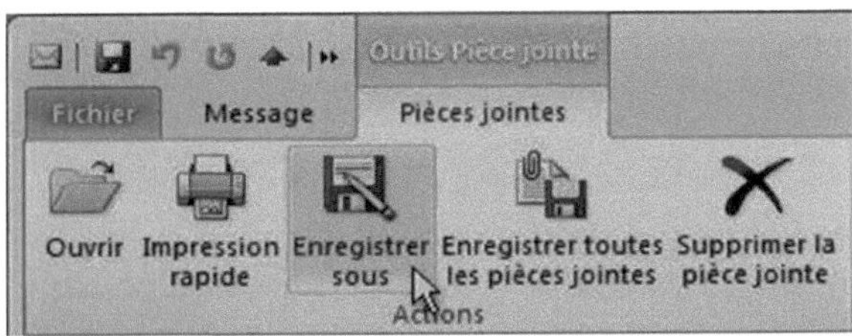

Nota: Se o correio estiver no formato RTF, no painel Leitura ou em Abrir correio, clique com o botão direito do rato no anexo e, em seguida, clique em **Guardar como**.

3. Clique na localização de uma pasta e, em seguida, clique em **Guardar**.

II.6. ENVIAR FICHEIRO ANEXO

Fase 1

Selecione uma mensagem (pode ser uma mensagem recebida ou uma nova mensagem, premindo o ícone "Escrever" na barra de ferramentas).

Passo 2

Se se tratar de uma mensagem recebida, prima o botão "Responder" ou "Reencaminhar" na barra de ferramentas.

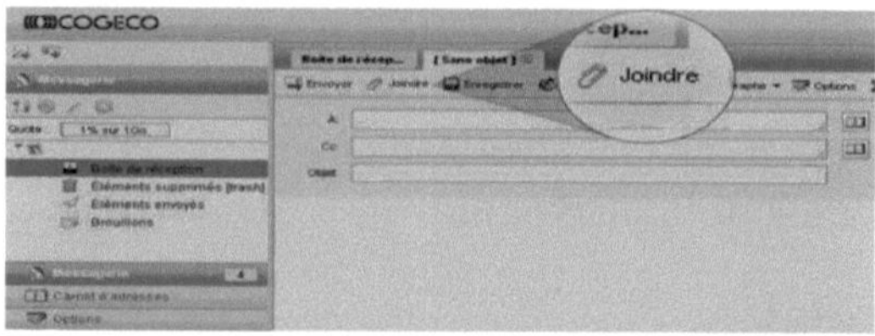

Passo 3

Quando a mensagem de correio eletrónico estiver aberta, clique no ícone "Anexar".

Passo 4

Selecione o ficheiro que pretende anexar e clique no botão "Aberto".

Passo 5

Introduza o endereço do contacto a quem pretende enviar o ficheiro no campo "Para".

Passo 6

Enviar a mensagem.

II.7.ORGANIZAÇÃO DAS MENSAGENS ELECTRÓNICAS (Criação de ficheiros)

Para organizar as mensagens de correio eletrónico, é necessário criar pastas nas quais estas serão geridas. Eis como criar pastas :

1. Primeiro, abra o Gmail na Web e clique no ícone de roda dentada no canto superior direito. Em seguida, clique em "Ver todas as definições".
2. Em seguida, aceda a "Caixa de entrada" e defina o tipo de caixa de entrada como "Predefinição".
3. Em seguida, assinale as caixas Redes sociais, Promoções e

Notificações na secção Categorias. Isto permitir-lhe-á classificar inteligentemente os e-mails em várias pastas e manter a sua caixa de entrada organizada. Se desejar, pode também ativar os Fóruns

4. Em seguida, vá para o separador "Etiquetas" e desloque-se para baixo. Se encontrar etiquetas indesejadas na parte inferior, oculte-as. Depois disso, para criar novas etiquetas no Gmail, clique no botão

5. Dê-lhe um nome, por exemplo, "Trabalho". A partir de agora, pode mover todas as mensagens de correio eletrónico relacionadas com o trabalho para o título

"Não é necessário selecionar nada. Não precisa de selecionar nada

no menu pendente Aninhado

6. Para identificar uma mensagem de correio eletrónico, basta clicar no botão "seta" na parte superior e selecionar o título adequado

7. Para encontrar rapidamente uma mensagem de correio eletrónico com a palavra "Trabalho", pode percorrer a lista logo abaixo de "Caixa de entrada" e clicar em "Mais". Encontrará aí a etiqueta "Trabalho". Também pode mover uma etiqueta para a parte superior da página de definições de Etiquetas, ocultando-a ou mostrando-a.

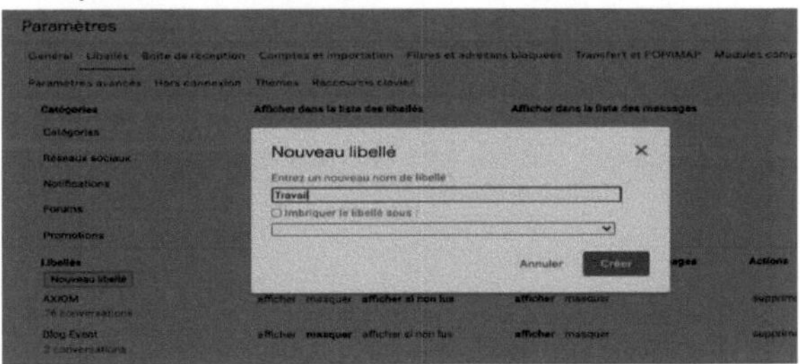

II.8.   PERSONALIZAR A SUA CONTA DE CORREIO ELECTRÓNICO

Pode personalizar o aspeto da sua caixa de correio, alterando o fundo e a cor, acrescentando uma assinatura às suas mensagens de correio eletrónico ou criando modelos de resposta. Isto também facilita a organização das suas mensagens de correio eletrónico e poupa tempo.

Não se esqueça de limpar regularmente a sua caixa de correio para otimizar   o seu funcionamento.

Alterar o aspeto da sua caixa de correio no Gmail

Siga estas instruções:

1. Clique na roda dentada no canto superior direito da janela principal.

2. No menu pendente, clique em **"Tema"** **"Mostrar tudo"**.

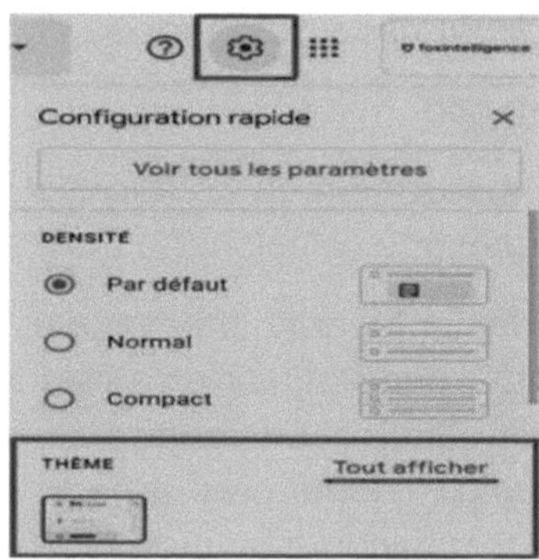

3. Percorra as imagens e escolha a que mais lhe agrada.

4. Para obter mais opções, clique em Outras imagens.

5. Se pretender utilizar uma imagem no seu disco rígido, basta clicar em As minhas fotografias no canto inferior esquerdo (ver imagem de ecrã acima).

6. Os ícones cinzentos na parte inferior da janela Escolher um tema permitem-lhe personalizar a cor de fundo dos e-mails, adicionar um efeito de vinheta ou aplicar um fundo à imagem escolhida.

Alterar o aspeto da sua caixa de correio do Hotmail

No **Hotmail** ou no Outlook, pode ordenar as suas mensagens de correio eletrónico em

ficheiros.

1. Na parte superior da lista de correio eletrónico, selecione Filtrar e, em seguida, Ordenar por.

2. Selecionar o tipo de ordenação entre as opções disponíveis

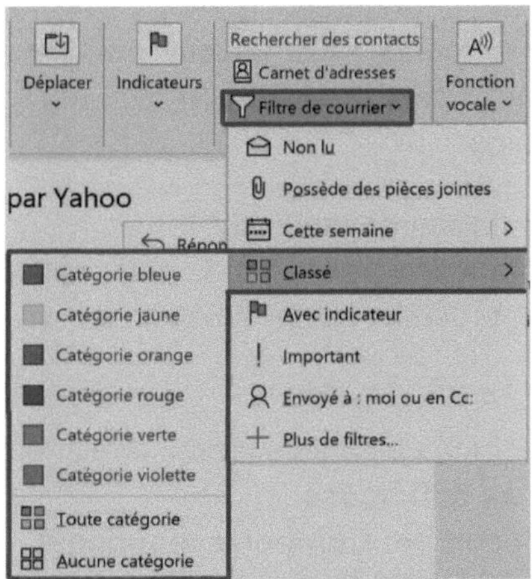

3. Para ordenar as mensagens de correio eletrónico por conversa, em Definições e, em seguida, Definições rápidas, selecione Mensagens mais recentes primeiro ou Mensagens mais recentes por último.

Adicionar uma assinatura às suas mensagens de correio eletrónico

Para evitar estar sempre a escrever os seus dados pessoais, utilize a **assinatura** automática. Trata-se de um pequeno texto personalizado no final de cada correio eletrónico. É como um cartão de visita na Web. Contém informações sobre o remetente: apelido, nome próprio, cargo, nome e logótipo da empresa, número de telefone, endereço postal e eletrónico.

Pode também conter o endereço do sítio Web e/ou do blogue da empresa, bem como ícones que liguem aos seus perfis nas redes sociais. Pode também inserir uma imagem ou uma ligação de hipertexto para o seu último artigo.

Preencher os seus dados pessoais

Para adicionar **informações pessoais** às mensagens de correio eletrónico que envia, proceda da seguinte forma:

No Outlook :

1. Clique na roda dentada no canto superior direito do ecrã e, em seguida, em **Todas as definições.**
2. Clique em **Mail**, depois em **Compor e responder**

3. No editor, escolha entre 3 modos: Rich Text, HTML, Texto simples

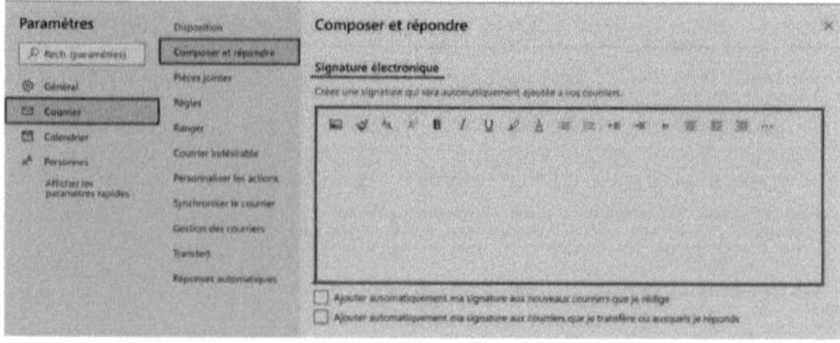

No **Gmail** :

1. Clique na roda dentada no canto superior direito do ecrã e, em seguida, em

Parâmetros.

2. Clique em **Todas as definições**

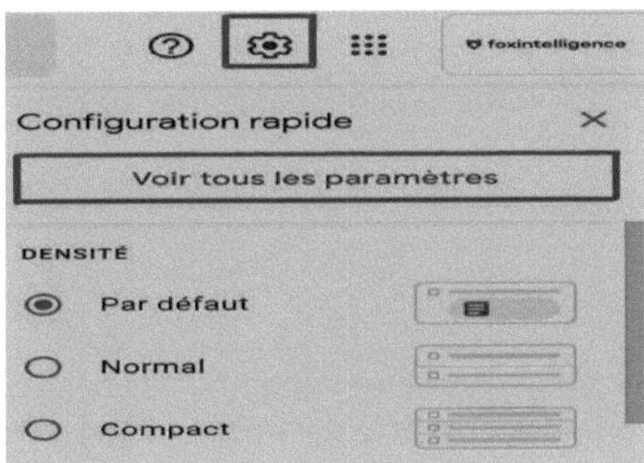

3. No separador **Geral**, desloque-se para o campo **Assinatura**.

4. Clique em **Criar** e preencha o campo **Assinatura** na caixa de texto com as informações necessárias

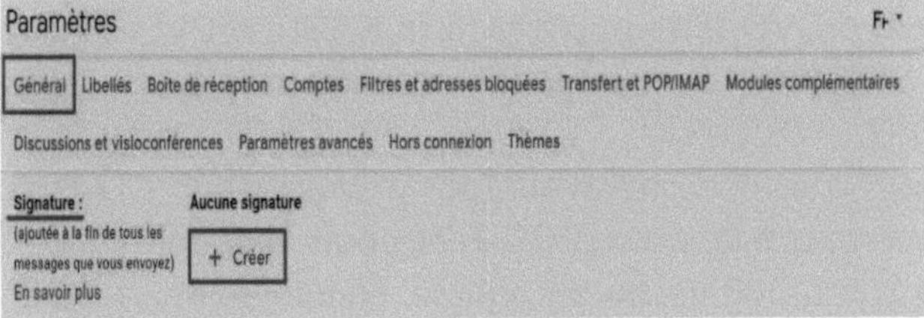

III.1.DEFINIÇÃO DE INCÊNDIO

Burning" é o nome comum para copiar música, imagens e vídeos de um PC para um CD ou DVD virgem. Por outro lado, "ripar" envolve a cópia de música, imagens e vídeos de um CD ou DVD para um PC[3] .

III.2.PRÁTICAS DE LAYOUT (Leitor do jogador, software específico,...)

Palavras a conhecer :

CD, DVD

Ambos os termos se referem a suportes físicos. As especificações técnicas do CD foram definidas pela Philips e pela Sony, inicialmente como um suporte de música, com uma capacidade de gravação de 74 minutos ou 650 MB de dados. Estas especificações especificam que os dados são gravados no suporte sob a forma de uma espiral com 1,6 a 2,2 microns de largura. O DVD é uma evolução do CD. Existe em quatro versões: o DVD-5 de uma face e uma camada, que pode armazenar 4,7 GB de dados; o DVD-9 de dupla face (8,5 GB); o DVD-10 de dupla face (9,4 GB) e o DVD-18 de dupla face e duas camadas (17 GB).CD-R, CD-RW, DVD-R, DVD-RW, DVD+R, DVD+RTodos estes nomes correspondem a discos graváveis (por gravação). O CD-R só pode ser gravado uma vez, enquanto o CD-RW pode ser regravado 1000 vezes em teoria e 200 a 300 vezes na prática. Relativamente aos DVD, é feita uma distinção entre DVD e DVD+, que correspondem a duas técnicas de gravação de dados diferentes. Os DVD±Rs podem ser gravados uma vez, enquanto os DVD±RWs podem ser regravados 1000 vezes em teoria e 100 vezes na prática.

ISO 9660, Joliet, UDF

A norma Iso 9660 define a estrutura do sistema de ficheiros do CD de dados. Definida em 1988, evoluiu três vezes. Inicialmente, permitia apenas nomes de ficheiros com 8 letras e uma extensão de 3 letras. Atualmente, permite 32 caracteres n o s nomes dos ficheiros, sendo os nomes mais longos truncados. A norma Joliet, definida pela Microsoft, é uma extensão da ISO 9660: permite até 64 caracteres e tem em conta os caracteres acentuados, mas não é aceite por todo o hardware, em particular pelos leitores domésticos. A norma UDF (Universal Disk Format) foi desenvolvida para substituir a norma ISO 9660: permite que os dados sejam gravados no disco em tempo real.

VCD, SVCD

O formato VCD permite armazenar num CD vídeos em formato MPeg1, com 352 x 288 pixéis e uma taxa de bits máxima de 1,5 Mbit/s. O formato SVCD é uma evolução do VCD: baseia-se no formato MPeg2 e oferece uma definição de 480 x 576 pixéis com um débito máximo de 2,5 Mbit/s. O SVCD foi lançado na China em 1998 como alternativa ao DVD-vídeo.

Memória tampão, à prova de fogo

Ao gravar um CD, o processo de gravação a laser não deve ser interrompido, caso contrário o disco tornar-se-á ilegível. Isto significa que os dados devem ser enviados de forma regular e contínua do controlador do disco para o gravador, o que, na prática, é impossível. Por conseguinte, os gravadores foram equipados com uma memória intermédia que permite absorver as variações do fluxo de dados. Este sistema é eficaz para a gravação a baixa velocidade, mas insuficiente para velocidades superiores a 12X. Para ultrapassar este limite, a Sanyo desenvolveu a tecnologia BurnProof. Esta tecnologia monitoriza o estado da memória intermédia e, no caso de uma interrupção no fluxo de dados, pára o laser numa área pré-determinada do CD. Desta forma, evita-se o desperdício de um grande número de CDs. Atualmente, são utilizadas técnicas equivalentes por todos os fabricantes, sob várias designações (SafeBurn, SmartBurn, etc.).

MPEG, DIVX

O Motion Pictures Expert Group definiu várias normas para o vídeo digital. O MPeg1 permite que o vídeo seja comprimido para uma definição de 352 x 288 pontos com um débito máximo de 1,5 Mbit/s. O MPeg2 permite uma definição de 720 x 576 pontos, com um débito máximo de 15 Mbit/s. O DivX baseia-se na norma MPeg4 e permite diferentes taxas de compressão, dependendo a qualidade obtida da definição da imagem e da taxa de bits (geralmente entre 800 e 1500 kbit/s).

Queimadura excessiva

Uma técnica que permite gravar mais dados do que o suporte virgem foi concebido para aceitar (algumas dezenas de megabytes, ou 2 a 3 minutos extra num CD áudio, por exemplo). Este processo é arriscado: o disco gravado pode não ser legível ou, pior ainda, o gravador pode ficar danificado.

Que queimador deve escolher?

Interno ou externo?

Se pretender utilizar o seu gravador com vários computadores, escolha um modelo externo. Dependendo da interface com que está equipado, ligá-lo-á a uma tomada USB 2.0 ou FireWire no seu computador. Não ligue um gravador USB a uma tomada USB 1.0; a velocidade de gravação será limitada e os discos poderão conter erros. Se não precisar de deslocar o gravador, escolha um modelo interno e ligue-o à sua placa-mãe utilizando um cabo de fita IDE.

CD ou DVD?

Os gravadores de CD só gravam CDs, enquanto os gravadores de DVD gravam tanto DVDs como CDs. Os gravadores de DVD são, portanto, mais versáteis, mas desgastam-se mais rapidamente quando utilizados com CDs.

Que formatos?

Todos os gravadores actuais suportam tanto CD-R como CD-RW. Mas alguns gravadores de DVD só reconhecem um formato de DVD gravável (DVD+ ou DVD-). Esqueça-os e escolha um modelo multi-formato que aceite tanto DVD+ como DVD-.

A que velocidade?

Não se deixe enganar pelas velocidades de gravação expressas em números X. Todos os gravadores de CD actuais gravam CD-Rs a 48X ou mais e CD-RWs a 32X, não sendo útil nem aconselhável gravá-los a mais de 16X. Da mesma forma, para os gravadores de DVD, é preferível uma velocidade de 2X para garantir uma boa qualidade de gravação. Tenha em atenção a quantidade de memória intermédia (de preferência 2 MB) e a presença de um dispositivo BurnProof.

Software essencial
Nero Express 6 (Nero OEM)
Preço: fornecido com o queimador

Tamanho: 100 Mb **Idioma:** Francês **Website:**

Esta versão ligeira do software Nero 6 é fornecida com muitos gravadores. Utilizámo-la nas páginas seguintes para as nossas instruções passo a passo. É muito completa e permite-lhe criar CDs de dados, CDs de áudio e DVDs, bem como fazer apresentações de vídeo ou compilações de vídeo simples. Infelizmente, não está disponível numa versão de teste. Se não o tiver, pode descarregar uma versão de teste do Nero 6, que tem uma interface muito semelhante.

Easy CD-DA Extrator 7
Preço: 30 euros **Tamanho:** 5 Mb **Idioma:** Inglês **Website:**
www.poikosoft.com
Este software é especializado no processamento de CDs de áudio. Pode facilmente extrair faixas e convertê-las em Wave, MP3, WMA ou Ogg. Aceita CDs com a proteção anti-pirataria utilizada por algumas

companhias discográficas. O Easy CD-DA Extrator 7 também pode converter ficheiros de áudio de um formato para outro e gravar CDs de áudio diretamente. O seu ponto forte é a velocidade.

Laboratório de imagens de CD e DVD 2
Preço: 50 euros **Tamanho:** 75 Mb **Idioma:** Francês **Website:** www.ulead.fr
Uma verdadeira caixa de ferramentas para fotógrafos digitais, este software

O Ulead permite-lhe organizar as suas fotografias, retocá-las (efeitos especiais anti-estrangulamento dos olhos), imprimi-las (com folhas de contacto) e criar apresentações de diapositivos. Oferece 42 efeitos de transição diferentes entre fotografias e cria automaticamente menus para VCDs e SVCDs. Os modelos prontos a utilizar permitem-lhe criar a sua primeira apresentação de diapositivos em apenas alguns minutos. O único inconveniente é o facto de ser muito lento em PCs mais antigos.

DVD MovieFactory 3
Preço: 80 euros **Tamanho:** 100 Mb **Idioma:** Francês **Website:** www.ulead.fr
Software de alto desempenho para criar vídeos em DVD. Pode importar vídeos diretamente de uma câmara de vídeo digital e da maioria dos formatos. O DVD MovieFactory 3 permite-lhe editar facilmente os vídeos (cortar, recortar, etc.) e otimizar a sua compressão em função do suporte de gravação. Gere os formatos VCD, SVCD e DVD e inclui um simulador para visualizar o seu DVD-vídeo antes de o gravar.

III.2. PROCESSO DE GRAVAÇÃO

O que pretende gravar?

É da primeira pergunta a fazer a si próprio, uma vez que existem diferenças entre um DVD de dados e um DVD dito "legível".

Os DVD de dados só podem ser lidos por um computador.
Neste caso, o processo de gravação é idêntico ao de uma pen USB: basta adicionar os ficheiros do seu computador ao CD ou DVD e, em

seguida, escolher o software de gravação. Os dados gravados desta forma podem ser lidos a partir de outro computador, mas não podem ser apagados (exceto no caso de um CD regravável).

Os DVD que podem ser lidos podem ser lidos a partir de outro suporte: Os DVD de vídeo podem ser lidos a partir de um leitor de DVD.

No caso de um CD ou DVD reproduzível, a informação é gravada sob a forma de um "fluxo" de áudio ou vídeo que pode ser descodificado por um leitor de DVD. Um DVD de vídeo tem de ser descodificado e só pode conter ficheiros de vídeo, ao contrário de um DVD de dados, que pode conter qualquer tipo de ficheiro (documento, fotografia, vídeo, música, etc.).

2. Gravação de um CD ou DVD de dados no Windows 10: métodos.

Método 1: Utilizar a função de gravação integrada do Windows 10
- Introduzir um CD ou DVD virgem no gravador de CD/DVD

- Abrir **o Explorador de Ficheiros** do Windows

- Selecione todos os ficheiros que pretende a partir da sua localização
- Clique com o botão direito do rato e depois em **Enviar** para e escolha o CD a gravar● Aparece   uma janela **Gravar um disco**
- Introduzir um nome de disco

- Selecione **Com uma unidade de CD/DVD** e, em seguida, clique em **Seguinte**.

Os ficheiros são agora copiados. A unidade de CD/DVD abre-se:

- Copiar os ficheiros para a unidade

- Clique em **Ferramentas da unidade**
- Clique em **Concluir a gravação**

Método 2: Com o Windows 10 Media Player

- Introduzir um CD ou DVD virgem

- Abrir **o Windows Media Player**

- Clique em **Gravar** (canto superior direito)

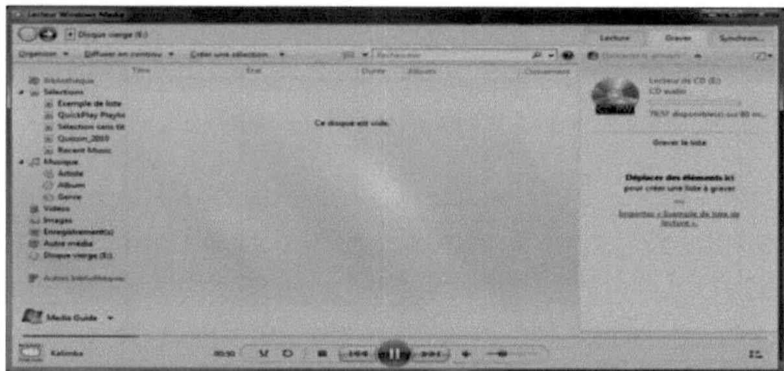

- Clique em **Burning Options (Opções de gravação)** e escolha Data CD ou DVD (para reprodução em PCs e alguns leitores que suportem estes formatos) ou Audio CD (para gravar ficheiros MP3, WMA ou WAV para reprodução em todos os leitores de CD e auto-rádios).
- Abra **o Explorador de Ficheiros do Windows** e vá para a localização dos seus ficheiros

- Certifique-se de que consegue ver simultaneamente as janelas **do Explorador de ficheiros** e **do Windows Media Player**
- Selecione os seus ficheiros e arraste-os para a lista de gravação

Windows Media Player

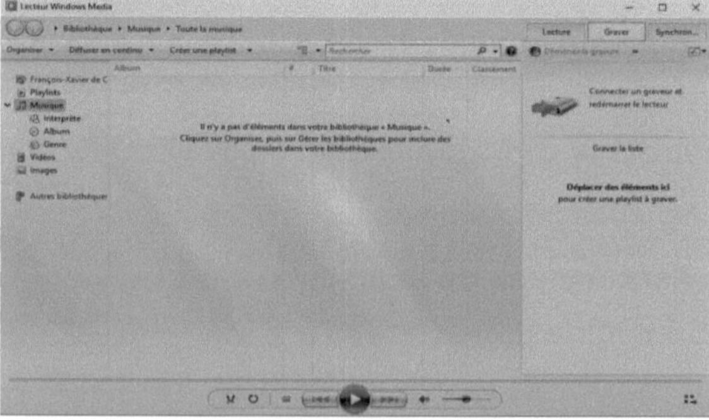

- Reorganizar a ordem dos seus ficheiros, se necessário

- Por fim, clique em **Iniciar gravação**

O Windows irá gravar o CD ou DVD e verá uma barra de progresso até
que o processo esteja concluído.

III.3. CONDIÇÕES DE SEGURANÇA DOS SUPORTES DE ARMAZENAMENTO

Um sistema de armazenamento e segurança bem organizado e
coerente é essencial para satisfazer as necessidades de
armazenamento de dados a curto prazo dos projectos de investigação.
Os dados armazenados em segurança são muito mais fáceis de
consultar, compreender, descobrir e partilhar com a comunidade
científica e o público em geral. Uma estratégia de armazenamento de
dados, tanto para materiais digitais como não digitais, é essencial para a
preservação dos dados a longo prazo. Uma vez que todos os suportes
de armazenamento digitais e físicos são inerentemente pouco fiáveis e
acabarão por se tornar obsoletos, é necessário definir uma estratégia de
armazenamento de dados antes do início de qualquer projeto.
Aguardamos o seu contacto.

Armazenamento de dados a curto prazo

As necessidades de armazenamento de dados a curto prazo têm
elementos que são simultaneamente semelhantes e distintos dos
requisitos de retenção a longo prazo.

Aspectos a ter em conta no planeamento do armazenamento de dados :

- Quantos dados são criados?

- Quantas pessoas terão acesso aos dados?

- Que nível de segurança é necessário?
- Os dados são privados ou confidenciaissão encriptados ou protegidos
por palavra-passe?
- O software antivírus está instalado no(s) seu(s) computador(es)?

- +Com que frequência é efectuada a cópia de segurança dos dados?
- Onde posso encontrar os ficheiros de cópia de segurança?

- Durante quanto tempo são guardadas as cópias de segurança?

- O local é seguro?
- Quais são os custos associados ao armazenamento a curto prazo?

- Os ficheiros principais estão armazenados noutro local seguro?

- +Durante quanto tempo serão conservados os dados?

Suportes de armazenamento

Se optar por suportes ópticos (CDs, DVDs) ou magnéticos (discos rígidos) para armazenamento, tenha em atenção que ambos são sensíveis e vulneráveis ao manuseamento incorreto, às alterações de temperatura e humidade relativa, bem como à qualidade do ar e às condições de iluminação.A velocidade do progresso tecnológico tem um impacto direto no ritmo a que os suportes e o equipamento se tornam obsoletos. Por estas razões, os ficheiros de dados devem ser copiados e copiados (ou seja, migrados) para novos suportes de dois em dois ou cinco anos. A qualidade e a legibilidade de todos os suportes devem ser verificadas regularmente. Para mais informações sobre a migração de ficheiros, ver abaixo.

A perda de dados pode ser causada por :

- Falha de hardware

- Falha   de software ou de suporte

- Infeção por vírus ou pirataria informática maliciosa

- Falha de energia
- Erro humano, como a modificação ou eliminação de ficheiros ou a perda de um dispositivo de armazenamento
- Uma catástrofe natural, como uma inundação ou um incêndio

Se utilizar instalações de armazenamento em nuvem, tenha em conta o local onde os dados estão alojados e a jurisdição sobre os mesmos. Há outros factores a considerar:

- Custos a longo prazo
- A longevidade do prestador de serviços
- Segurança e confidencialidade dos dados
- O conteúdo dos acordos de propriedade intelectual e de proteção de dados

CAPÍTULO IV
ORDENAÇÃO DE DADOS IV.1.DEFINIÇÃO

A ordenação de dados envolve a seleção de uma área de dados e, em seguida, a ordenação das suas linhas (ou colunas) de acordo com um ou mais critérios – por ordem crescente ou decrescente, dependendo do valor de uma ou mais colunas (ou linhas, se estiver a ordenar colunas de dados).

IV.2. PAPÉIS

A triagem de dados tem várias funções, incluindo :

1. Erros de controlo

É necessário ter um registo das tendências que estão na origem da maioria dos erros. Desta forma, será muito mais fácil identificar e corrigir dados incorrectos ou corrompidos. Os registos são particularmente importantes se estiver a integrar outras soluções com o seu software de gestão de frotas, para que os seus erros não impeçam o trabalho de outros departamentos.

2. Normalize o seu processo

A normalização do ponto de entrada reduz o risco de duplicação.

3. Validar a exatidão dos dados

Depois de ter limpo a sua base de dados existente, valide a exatidão dos seus dados. Procure e invista em ferramentas que lhe permitam limpar os seus dados em tempo real. Algumas ferramentas utilizam mesmo IA ou aprendizagem automática para testar melhor a exatidão.

4. Ordenar dados duplicados

A identificação de duplicados poupa tempo na análise de dados. Os dados duplicados podem ser evitados pesquisando e investindo em várias ferramentas de limpeza de dados que podem analisar os dados em bruto em massa e automatizar o processo para si.

5. Analisar os seus dados

Depois de os dados terem sido normalizados, validados e selecionados para detetar duplicados, utilize fontes de terceiros para os adicionar. As fontes de terceiros fiáveis podem captar informações diretamente de sítios proprietários e, em seguida, limpar e compilar os dados para fornecer informações mais completas para a análise e o business intelligence. Por último, é necessário monitorizar e examinar regularmente os dados para detetar incoerências.

IV.3. ORDENAÇÃO DE DADOS ATRAVÉS DE MÉTODOS SIMPLES

A ordenação é uma das ferramentas de gestão de dados mais comuns. No Excel, pode ordenar a sua tabela numa ou mais colunas, por ordem ascendente ou descendente, ou efetuar uma ordenação personalizada.

Ordenar a tabela

1. Selecione uma célula nos dados.

2. Selecione **Página inicial** > **Ordenar e filtrar**.

Ou selecione **Dados** > **Ordenar**.

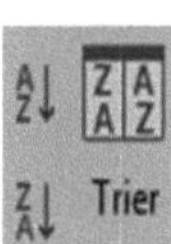

3. Selecionar uma opção :

► **Ordenar de A a Z**: ordena a coluna selecionada por ordem ascendente.

► **Ordenar de Z para A**: ordena a coluna selecionada por ordem descendente.

► **Tripersonalizado**: ordena os dados por várias colunas, utilizando diferentes critérios de ordenação.

Eis como criar uma ordenação personalizada:

1. Selecione **Ordenação personalizada**.

2. Selecione **Adicionar um nível**.

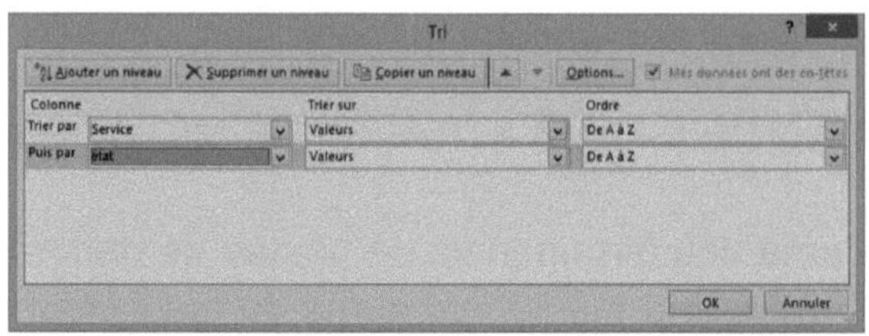

3. Para **Coluna**, na lista pendente, selecione a primeira coluna a ser utilizada para ordenação (**Ordenar por**) e depois a segunda (**Depois por**). Por exemplo, a coluna Departamento para **Ordenar por** e a coluna Status para **Depois por**.
4. Para **Ordenar**, selecione **Valores**.

5. Em **Ordem**, selecione uma opção (por exemplo, **de A a Z, do menor para o maior** ou **do maior para o menor**).
6. Para cada coluna adicional que pretenda utilizar para ordenação, repita os passos 2 a 5.

Nota: Para eliminar um nível, selecione **Eliminar nível**.

7. Se os seus dados incluírem uma linha de cabeçalho, active a caixa de verificação **Os meus dados têm cabeçalhos**.
8. Selecione **OK**.

IV.4. APLICAÇÃO DA TRIAGEM AOS DADOS CONTABILÍSTICOS

A função Ordenar linhas temporárias

Esta ferramenta pode ser utilizada para ordenar rapidamente o conteúdo de acordo com a coluna a partir da qual é dada a função **Sort** :

- Clique com o botão direito do rato no cabeçalho da coluna a ordenar.
- Posicione-se na seta pequena e selecione os critérios de ordenação ascendente ou descendente.

Benefícios

- É possível **ordenar as linhas apresentadas,** por ordem crescente ou decrescente, de acordo com a coluna pretendida.
- Ao contrário do Excel, **quando remove a ordenação do ecrã, as linhas voltam à sua ordem original** sem necessidade de utilizar o comando Anular.

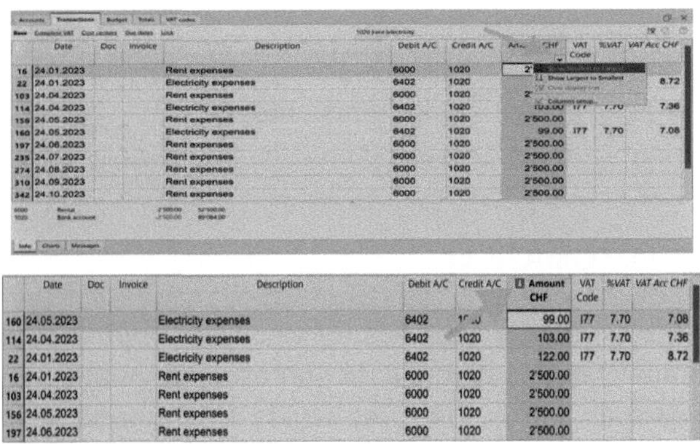

Aparece uma seta no cabeçalho da coluna escolhida para ordenar os dados.

NB: A função **Ordenar linhas temporárias** é diferente da função

Ordenar linhas (no menu Dados) :

- **A ordenação temporária de linhas** é uma ordenação temporária de linhas no ecrã, concebida para acelerar a revisão e edição de dados previamente introduzidos; pode remover facilmente a ordenação para voltar à ordem original das linhas. Esta função só está disponível no plano Avançado.
- O comando Ordenar linhas (no menu Dados) altera permanentemente a ordem das linhas na tabela e só pode ser anulado utilizando o comando **Anular**. Este comando está disponível para todos os

CAPÍTULO V
FILTROS DE DADOS

V.1.DEFINIÇÃO

A filtragem de dados consiste em selecionar, através de um ou mais critérios, os valores das colunas a filtrar, as linhas a apresentar e as que devem ser ocultadas[4] .

V.2. PAPEL

O filtro de dados permite-lhe apresentar apenas determinados dados na sua tabela, de acordo com um ou mais critérios.

V.3. TIPOS

V.3.1.FILTRO AUTOMÁTICO

O filtro automático permite ao utilizador visualizar apenas as linhas do quadro que satisfazem os critérios da sua escolha, ocultando temporariamente as outras. Uma vez obtida a informação pretendida, o utilizador retira o filtro: o quadro volta a aparecer na sua totalidade.

Para aplicar um filtro automático, proceda da seguinte forma:
1. Selecione os dados a filtrar.

2. Clique em **Dados** > **Filtro**.

3. Clique na seta no cabeçalho da coluna e decida se pretende selecionar valores específicos ou efetuar uma pesquisa.

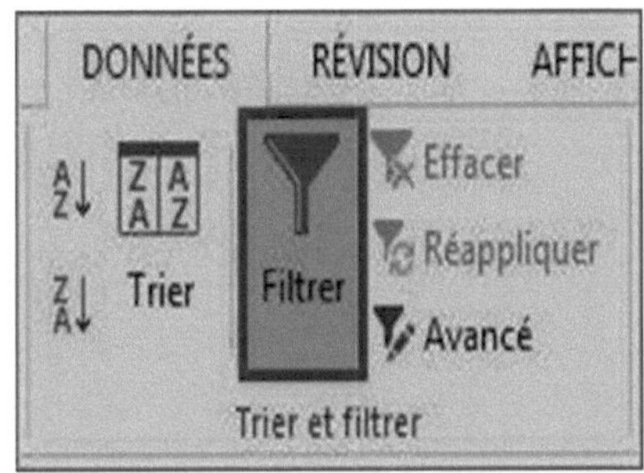

4. Selecionar valores específicos: Desmarque **(Selecionar tudo)** para eliminar todos os campos de caixa activados e, em seguida, active as caixas correspondentes aos valores específicos que pretende apresentar.

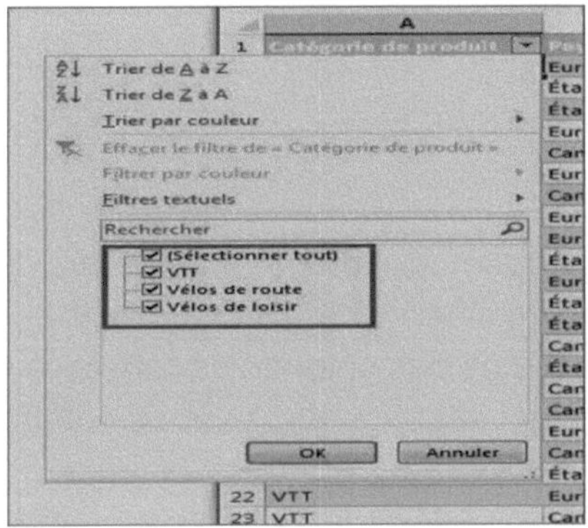

5. Procurar valores: Na **caixa Procurar**, escreva o texto ou os números que está a procurar.

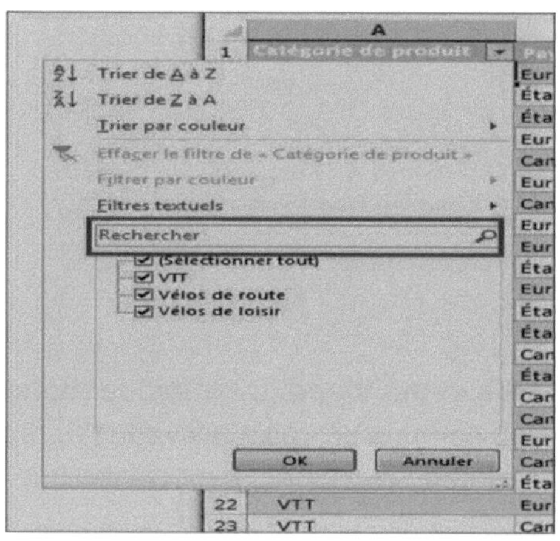

6. Clique em **OK** para aplicar o filtro.

V.3.2. FILTRO

Os filtros avançados podem ser utilizados para criar filtros complexos, sem limite do número de critérios. Para criar filtros complexos, é necessário copiar os títulos das colunas da tabela para a mesma folha ou para outra folha e, em seguida, escrever os critérios a aplicar a cada coluna.

EXEMPLOS

Comecemos com um caso simples: filtrar as linhas (registos) em que a coluna **Localização** é igual a "Bruxelas".

Na célula **B2**, mesmo por baixo da etiqueta **Localização**, introduzimos o valor "Bruxelas".

No grupo Ordenar e filtrar do separador **[Dados]**, clique em **Avançado**. É apresentada a caixa de diálogo **Filtro avançado**.

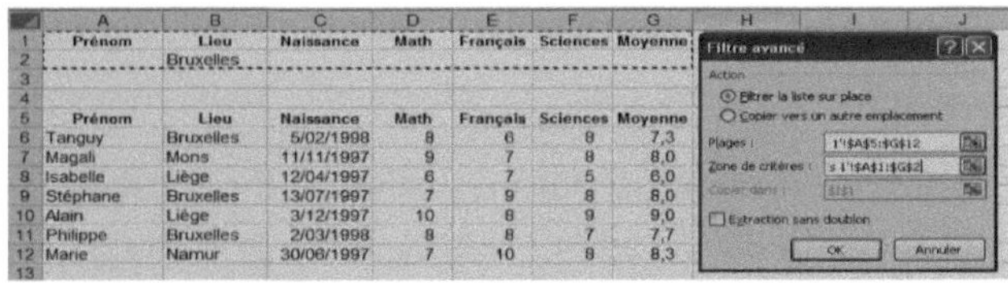

Analisemos cada uma das opções desta caixa.

- **Filtrar a lista no local**: filtrar diretamente na área da célula Excel onde os dados iniciais são colocados e que é declarada pela opção **Intervalos** (no nosso exemplo **A5:G12**).
- **Copiar para outra localização**: cria a lista filtrada noutra localização definida pela opção **Copiar para**.
- **Intervalos**: a área a filtrar.

- **Área de critérios**: designa o intervalo de células onde inserimos os nossos critérios de filtragem (no nosso exemplo **A2:G2**).
- **Copiar para**: designa a célula ou o intervalo de células a partir do qual as linhas filtradas serão copiadas. Esta opção só está disponível se **a** opção **Copiar para outro local** estiver selecionada.
- **Extração sem duplicados**: permite-lhe evitar a apresentação de dados duplicados, quer com o filtro no lugar, quer copiando para outro local.

Assim, optamos pelo filtro in-place, tomando o intervalo como **A5:G12** e a área de critérios como **A1:G2**. Confirme com **OK** e veja o resultado.

	A	B	C	D	E	F	G
1	Prénom	Lieu	Naissance	Math	Français	Sciences	Moyenne
2		Bruxelles					
3							
4							
5	Prénom	Lieu	Naissance	Math	Français	Sciences	Moyenne
6	Tanguy	Bruxelles	5/02/1998	8	6	8	7,3
9	Stéphane	Bruxelles	13/07/1997	7	9	8	8,0
11	Philippe	Bruxelles	2/03/1998	8	8	7	7,7
13							

Podemos ver que os números das linhas filtradas s ã o azuis e que as linhas 7, 8, 10 e 12 estão ocultas: isto d e v e - s e ao facto de o valor contido nestas linhas ser diferente do critério escolhido ("Bruxelas").

Este resultado poderia, evidentemente, ter sido obtido com um simples filtro.

Para visualizar novamente os dados, basta clicar no comando **Limpar**, que se encontra no mesmo grupo que o comando **Filtro avançado**.

Segundo exemplo

Vamos agora filtrar os registos para os quais a localização é "Bruxelas" e cuja data de nascimento é maior ou igual a 1er janeiro de 2008.
Assim, vamos adicionar o valor >=01/01/2008 à célula **C2**. De seguida, execute o mesmo comando, escolhendo as mesmas opções.

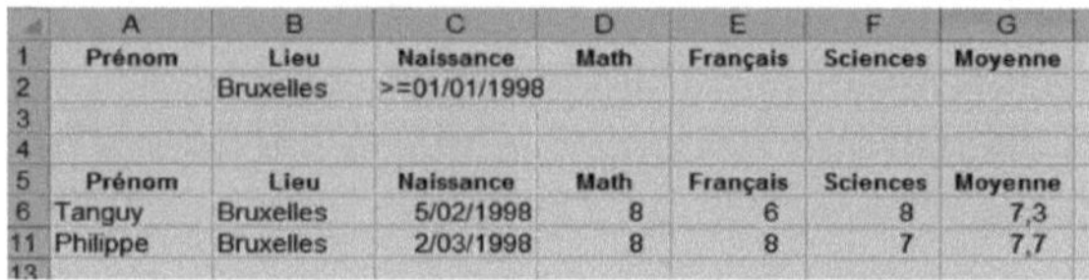

	A	B	C	D	E	F	G
1	Prénom	Lieu	Naissance	Math	Français	Sciences	Moyenne
2		Bruxelles	>=01/01/1998				
3							
4							
5	Prénom	Lieu	Naissance	Math	Français	Sciences	Moyenne
6	Tanguy	Bruxelles	5/02/1998	8	6	8	7,3
11	Philippe	Bruxelles	2/03/1998	8	8	7	7,7

Podemos ver que agora existem apenas duas gravações que satisfazem estes dois critérios combinados.

Terceiro exemplo

De seguida, aplique um filtro adicionando um critério:(Localização=Bruxelas e Data de nascimento>=01/01/1998) **OU** (Média>7,5). Para obter o resultado pretendido, adicionamos o valor **>7,5** a **G3** (coluna **Média)**. Na caixa de diálogo, altere o campo de critérios paraA1:G3.

	A	B	C	D	E	F	G
1	Prénom	Lieu	Naissance	Math	Français	Sciences	Moyenne
2		Bruxelles	>=01/01/1998				
3							>7,5
4							
5	Prénom	Lieu	Naissance	Math	Français	Sciences	Moyenne
6	Tanguy	Bruxelles	5/02/1998	8	6	8	7,3
7	Magali	Mons	11/11/1997	9	7	8	8,0
9	Stéphane	Bruxelles	13/07/1997	7	9	8	8,0
10	Alain	Liège	3/12/1997	10	8	9	9,0
11	Philippe	Bruxelles	2/03/1998	8	8	7	7,7
12	Marie	Namur	30/06/1997	7	10	8	8,3

Em conclusão, podemos ver que colocar critérios na mesma linha é equivalente à função **AND**; no entanto, se utilizarmos várias linhas, é equivalente à função **OR.**

V.4. APLICAÇÕES DE FILTRAGEM EM DADOS CONTABILÍSTICOS

No Indy, utilizar o filtro para navegar de mês para mês, de ano para ano, tornar visível apenas uma conta e muito mais...

A função de filtro está disponível à direita da barra de pesquisa no separador **Transacções**.

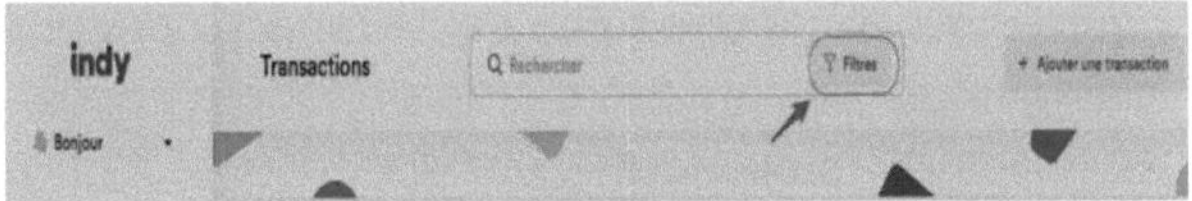

Intervalo de datas

Navegar de mês para mês

O Indy limita a visualização a 400 transacções para manter um desempenho ótimo (e para evitar que tenha de descarregar uma lista interminável de transacções).
Ao clicar em **Início - Fim** em **Intervalo de datas**, abre-se um calendário que lhe permite escolher o exercício que pretende destacar.

Basta clicar no exercício que procura para visualizar a seleção.

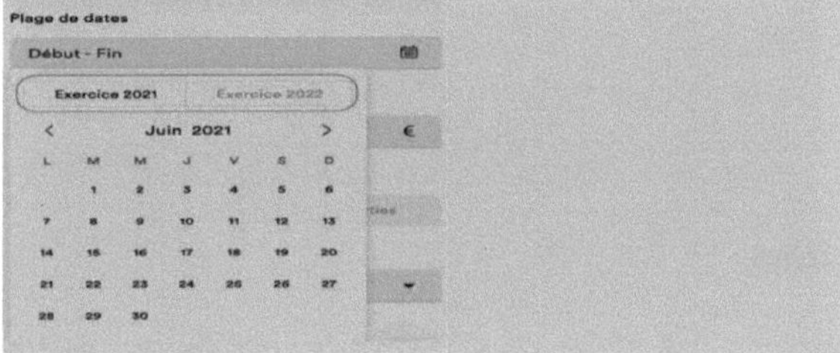

Navegar de mês para mês

Ainda clicando em **Intervalo de datas**, pode escolher o mês que pretende clicando no primeiro e no último dia do mês em questão.

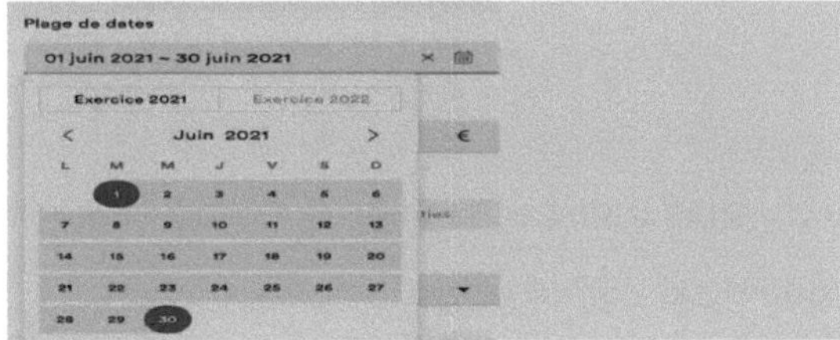

Selecionar um período

Pode refinar ainda mais a sua pesquisa destacando o pretendido.
Para o fazer, basta clicar no primeiro dia do período e depois no último.
Isto também se aplica a uma pesquisa por dia.

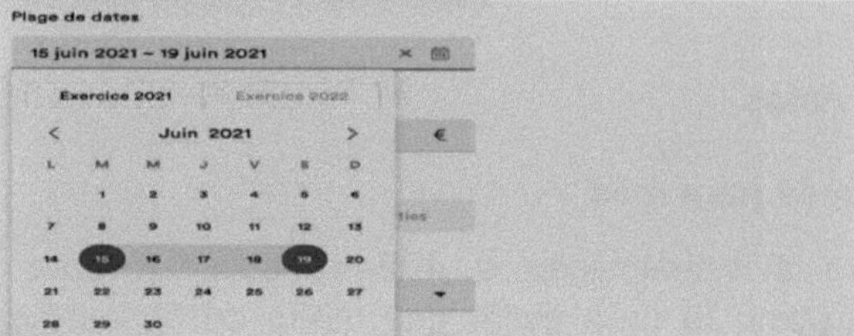

Gama de montantes

Pode utilizar   este filtropara encontrar uma transação (ou várias!) por
montante.

Entradas / saídas

Esta função permite-lhe filtrar as suas transacções por **entradas** e
saídas de dinheiro.

Categorias

Aqui pode filtrar as suas transacções por categoria contabilística.

As categorias podem ser combinadas.

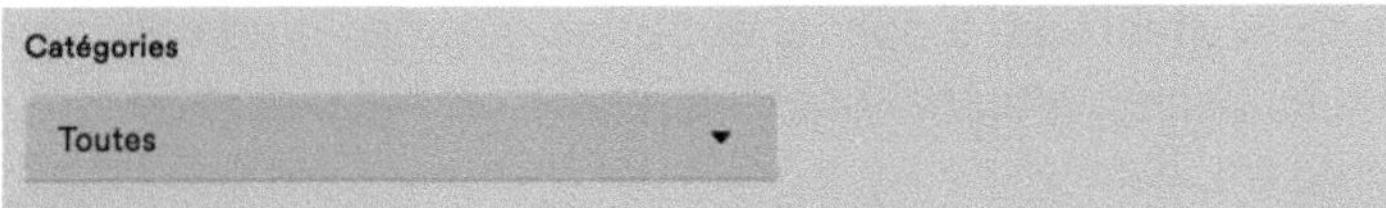

Documentos de apoio

Por predefinição, definido como Todos, pode optar por apresentar transacções às quais um recibo foi associado ou todas as que não o foram.

IVA a definir

Este filtro permite-lhe visualizar as transacções às quais não foi atribuída qualquer taxa de IVA, para que as possa encontrar mais facilmente.

Tipo de transação

No **Tipo de transação**, pode optar por apresentar :

- **A** conta bancária da sua escolha (útil se tiver mais do que uma)7)

- **Conta de cartão de débito diferido**
- **A caixa**: todos os seus movimentos de caixa quando clica em **+ Adicionar transação ➤ Entrada/saída de caixa**

- **Relatórios de despesas**: todas as transacções que introduziu manualmente clicando em **+ Adicionar uma transação ➤ Relatório de despesas**

- **Recibos na conta pessoal**: todas as transacções que introduziu manualmente clicando em **+ Adicionar uma transação ➤ Recibos na conta pessoal**

- **Operações diversas**: todas as entradas geradas automaticamente pelo Indy, tais como amortizações, acréscimos, subsídios de quilometragem, etc.

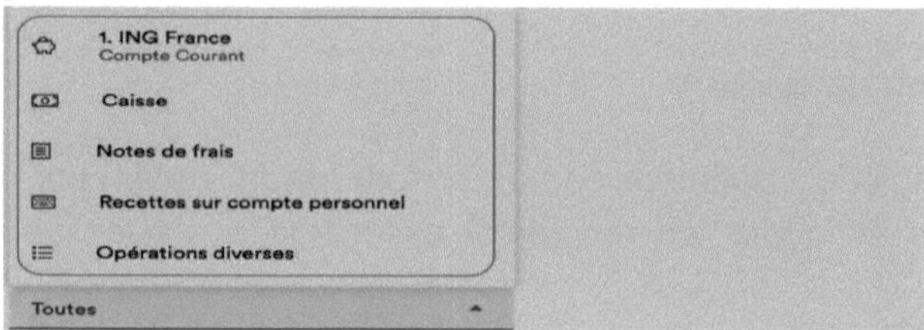

Reiniciar

Pode clicar em **Repor a** qualquer momento para cancelar todos os filtros selecionados.

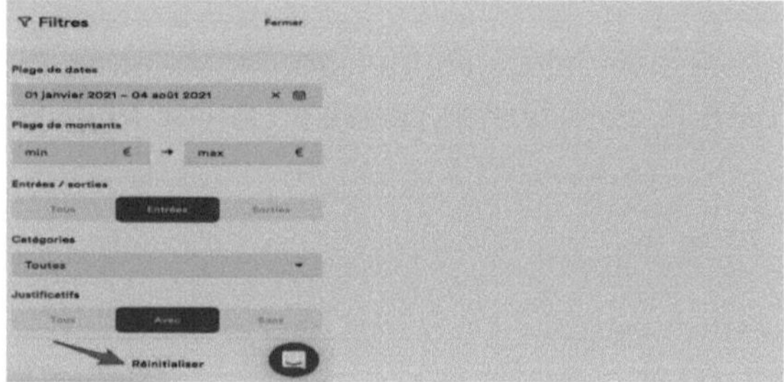

Função do filtro de linha

A função **Filtrar linhas** permite-lhe filtrar rapidamente as linhas da tabela, extraindo o que procura. **Poupa-lhe uma quantidade considerável de tempo**, porque :

- Pode encontrar as entradas que pretende numa questão de segundos.

Pode modificar diretamente as entradas filtradas.
- O filtro temporário está presente em todas as tabelas do ficheiro (contas, transacções, etc.) e, para o utilizar, basta introduzir algumas palavras-chave na caixa de filtro
- Pode remover facilmente o filtro para voltar à ordem original das linhas.

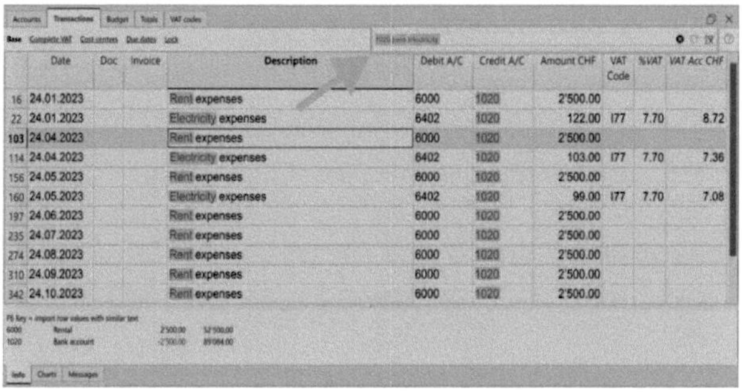

	Date	Doc	Invoice	Description	Debit A/C	Credit A/C	Amount CHF	VAT Code	%VAT	VAT Acc CHF
16	24.01.2023			Rent expenses	6000	1020	2'500.00			
22	24.01.2023			Electricity expenses	6402	1020	122.00	I77	7.70	8.72
103	24.04.2023			Rent expenses	6000	1020	2'500.00			
114	24.04.2023			Electricity expenses	6402	1020	103.00	I77	7.70	7.36
156	24.05.2023			Rent expenses	6000	1020	2'500.00			
160	24.05.2023			Electricity expenses	6402	1020	99.00	I77	7.70	7.08
197	24.06.2023			Rent expenses	6000	1020	2'500.00			
235	24.07.2023			Rent expenses	6000	1020	2'500.00			
274	24.08.2023			Rent expenses	6000	1020	2'500.00			
310	24.09.2023			Rent expenses	6000	1020	2'500.00			
342	24.10.2023			Rent expenses	6000	1020	2'500.00			

CAPÍTULO VI
GRÁFICOS

VI.1.DEFINIÇÃO

Trata-se de uma representação dos dados numa forma que pode ajudar o utilizador e o seu público a compreender as relações entre eles[5]

VI.2. PAPÉIS

1. Representar claramente listas de números abstractos ;

2. Pode comparar os seus dados sob a forma de barras, círculos e linhas;

3. Explicação das tendências e visualização dos factos;

4. Tratamento frequente de grandes volumes de dados.

VI.3. INTRODUZIR DADOS

Na folha de cálculo que contém os dados para o seu gráfico, nas células diretamente ao lado ou abaixo dos dados de origem existentes para o gráfico, introduza a nova série de dados que pretende adicionar. Neste exemplo, temos um gráfico que apresenta dados de vendas trimestrais para 2013 e 2014 e acabámos de adicionar uma nova série de dados à folha de cálculo de 2015. Observe que o gráfico ainda não exibe a série de dados de 2015.

1. Clique em qualquer ponto do gráfico.

Os dados de origem atualmente exibidos são selecionados na folha de cálculo, utilizando as pegas de redimensionamento, e a série de dados de 2015 não está selecionada.

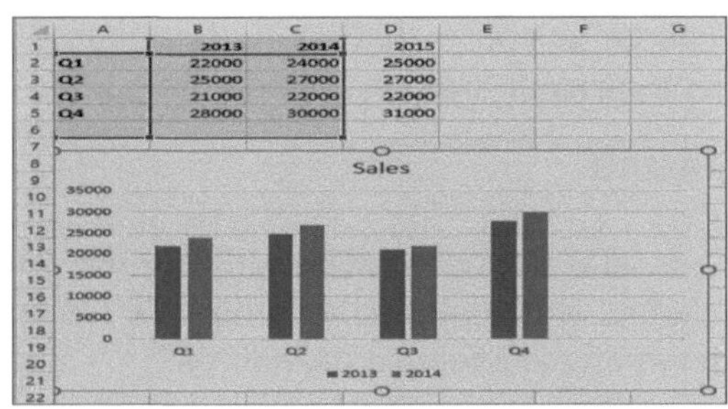

2. Na folha   deworksheet, vá para arrastar as alças para incluir os novos dados.

O gráfico é atualizado automaticamente, apresentando a nova série de dados que adicionou.

VI.4. CONSTRUÇÃO DE GRÁFICOS

O Graph Builder permite-lhe criar gráficos a partir de gráficos predefinidos na galeria ou a partir de componentes específicos (por exemplo, eixos e barras). Para criar um gráfico, arraste elementos básicos ou gráficos da galeria e solte-os na **tela**, que é a área à direita da lista Variáveis na caixa de diálogo Gerador de gráficos.

VI.4.1. HISTOGRAMAS

Um histograma é uma representação gráfica de dados. Mostra a distribuição dos dados, apresentando o número de pontos de dados que se situam num determinado intervalo de valores[6] .

Para criar um histograma :

1. Introduzir dados numa folha de cálculo.

2. Selecionar os dados.

3. No separador **Inserir**, selecione **Inserir um gráfico de colunas ou de barras** e, em seguida, escolha uma opção de histograma.

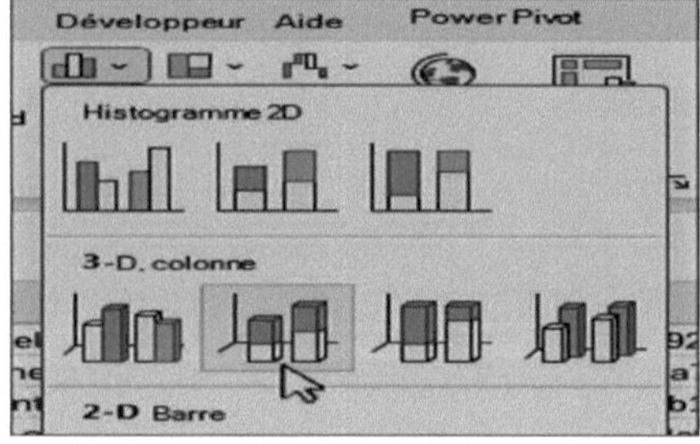

Pode formatar o gráfico se assim o desejar:

Nota: Certifique-se de que seleciona o gráfico antes de aplicar uma opção de formatação.

- Para aplicar um layout de gráfico diferente, no separador **Criação de gráfico**, selecione **Layout de gráfico** e, em seguida, escolha um layout.
- Para aplicar um estilo de gráfico diferente, no separador **Criação de gráfico**, selecione **Estilos de gráfico** e, em seguida, escolha um estilo.
- Para aplicar um estilo de forma diferente, no separador **Formato**, selecione **Estilos** de forma e, em seguida, escolha um estilo.

Nota: Os estilos de gráfico e os estilos de forma são duas coisas diferentes. Um estilo de forma é uma opção de formatação que se aplica apenas ao contorno do gráfico, enquanto um estilo de gráfico é uma opção de formatação que se aplica a todo o gráfico.

● Para aplicar diferentes efeitos de forma, no separador **Formato**, selecione **Efeitos** de forma e escolha uma opção como **Bisel** ou **Luz** e, em seguida, uma subopção.

● Para aplicar um tema, no separador **Configuração de página**, selecione

Temas e, em seguida, selecionar um tema.

● Para aplicar uma opção de formatação a um componente específico de um gráfico (por exemplo, Eixo Vertical (valor), Eixo Horizontal (categoria), Área do Gráfico, etc.), no separador **Formato**, selecione um componente na caixa de listagem pendente **Elementos do Gráfico**, selecione Formato da **seleção** e, em seguida, faça as alterações necessárias. Repita o passo para cada componente que pretende modificar.

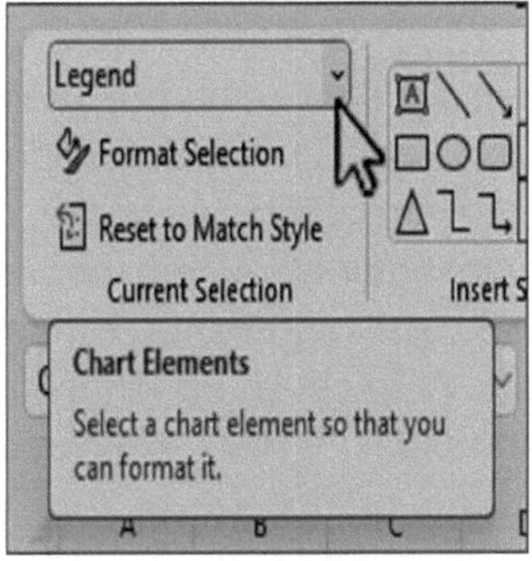

Nota: Se estiver habituado a trabalhar com gráficos, também pode selecionar e clicar com o botão direito do rato numa área específica do gráfico e, em seguida, selecionar uma opção de formatação.

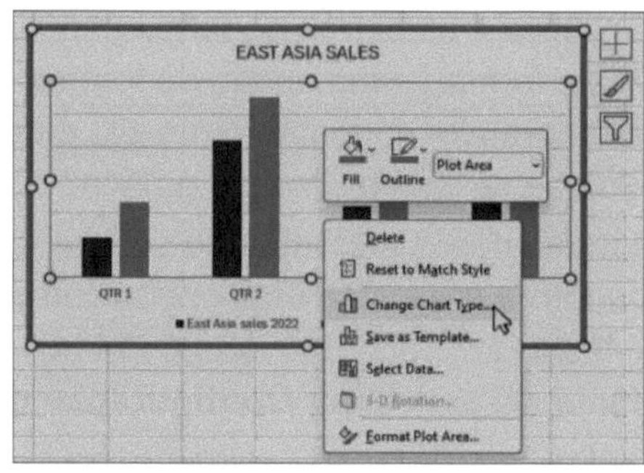

VI.4.2. DIAGRAMAS EM PAUS

O **gráfico de barras**, também conhecido como gráfico de frequências, é uma representação gráfica de uma série estatística de variáveis quantitativas discretas. A cada valor está associado um segmento vertical ou retângulo, cuja altura é proporcional ao valor conhecido (número ou frequência). É utilizado para realçar a distribuição observada das modalidades e para visualizar a dispersão das observações.

VI.4.3. SECTOR

Um gráfico de tartes (também conhecido por gráfico de tartes ou gráfico de pizza) é um gráfico estatístico circular, dividido em partes, que ilustra uma proporção numérica. Num gráfico de tartes, o comprimento do arco de cada parte e, por conseguinte, o seu ângulo central e área, são proporcionais à quantidade que representa. Um gráfico de pizza só pode exibir uma série de dados. O Excel usa o identificador dessa série como título do gráfico (por exemplo, "Flores") e exibe os valores dessa série em partes proporcionais no gráfico de pizza. Esse tipo de gráfico é adequado para mostrar a distribuição de um valor dentro de uma dimensão, como Vendas por representante.

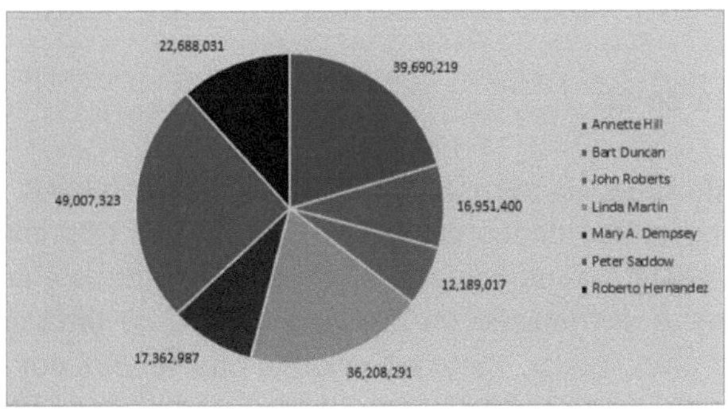

VI.4.4. CURVAS

Um gráfico de linhas é um tipo básico de gráfico, frequentemente utilizado para representar informação sob a forma de um conjunto de pontos de dados, chamados "marcadores", ligados por segmentos de linha reta. Um gráfico de linhas é frequentemente utilizado para visualizar a evolução de determinados dados ao longo de um período de tempo, com a curva a seguir, na maioria das vezes, uma ordem cronológica. Este tipo de gráfico é recomendado para comparar a evolução de vários valores, por exemplo, as quantidades disponíveis por categoria de produto ao longo do tempo.

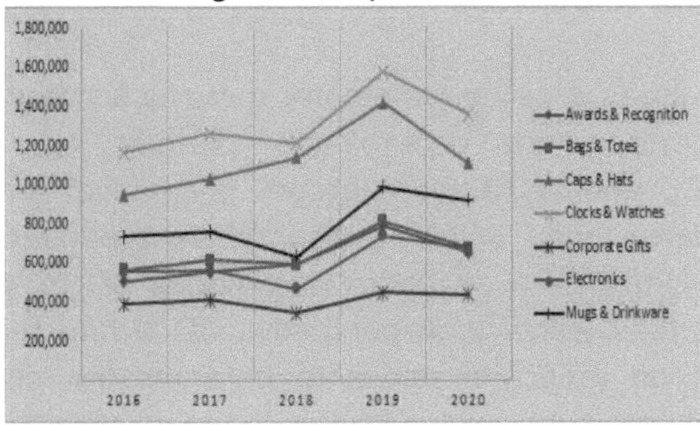

VI.4.5. AIRE

Gráficos de área 3D

Os gráficos de área 3D apresentam a evolução de valores ao longo de um período ou outros dados categóricos, e utilizam três eixos editáveis (horizontal, vertical e profundidade). Este tipo de gráfico é recomendado para comparar a distribuição de um valor dentro de uma categoria e a sua evolução cronológica, como a Evolução das vendas por região.

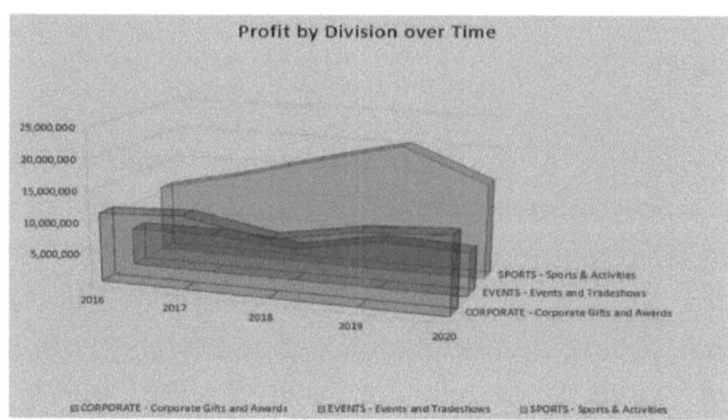

Gráfico de áreas empilhadas

Um gráfico de áreas empilhadas mostra a evolução da contribuição de cada valor durante um determinado período ou outros dados categóricos. É aconselhável explicar o gráfico empilhado aos utilizadores para que estes possam compreender os valores apresentados. Um gráfico de áreas empilhadas 3D é apresentado da mesma forma, mas utiliza uma perspetiva 3D e não tem um terceiro eixo. Este tipo de gráfico é relevante para mostrar como diferentes variáveis contribuem para o valor total ao longo do tempo.

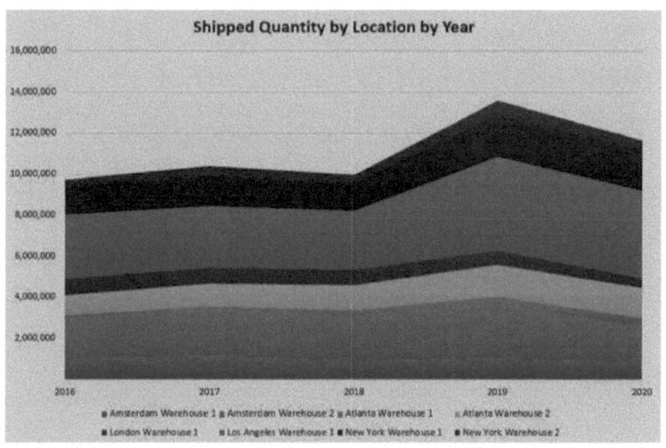

VI.5. APRESENTAÇÃO DE GRÁFICOS NUMA FOLHA DE CÁLCULO

Um gráfico tem muitos elementos. Alguns destes elementos aparecem por defeito, enquanto outros podem ser adicionados conforme necessário. É possível modificar a visualização dos elementos gráficos deslocando-os no gráfico, redimensionando-os ou alterando a sua disposição. Também pode eliminar os elementos gráficos que não pretende visualizar.

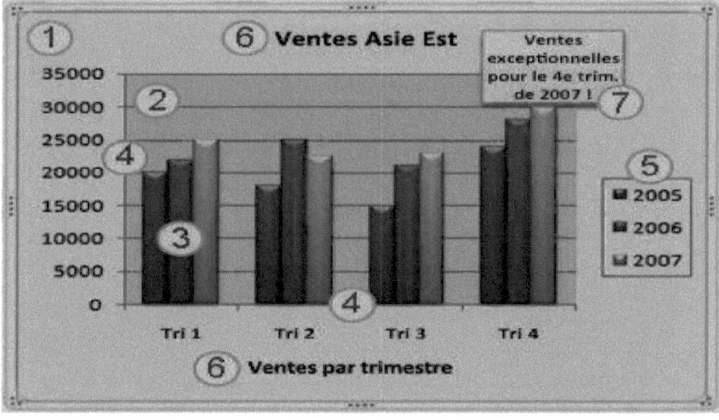

1. área do gráfico do gráfico.

2. área da parcela.

3. pontos de dados da série de dados representada no gráfico.

4. eixo horizontal (abcissa) e eixo vertical (ordenada) ao longo dos quais

os dados são representados no gráfico.

5. legenda do gráfico.

6. Título do gráfico e do eixo para utilização no gráfico.

7. uma etiqueta de dados utilizada para identificar os pormenores de um ponto de venda.

dados numa série de dados.

VI.6. IMPRESSÃO

Se precisar de imprimir um gráfico no Excel 2013 ou no Excel 2016, pode utilizar a opção **Imprimir** no separador **Ficheiro**. Pode utilizar o menu **Definições** para especificar exatamente o que pretende imprimir do seu livro de trabalho.

1. Clique no gráfico no seu livro de exercícios.

2. Clique em **Ficheiro > Imprimir**.

NB: Também pode utilizar o atalho de teclado Ctrl + P para abrir a opção **Imprimir**.

3. Clique no   menu suspenso **Impressora** e selecione a impressora que pretende utilizar.

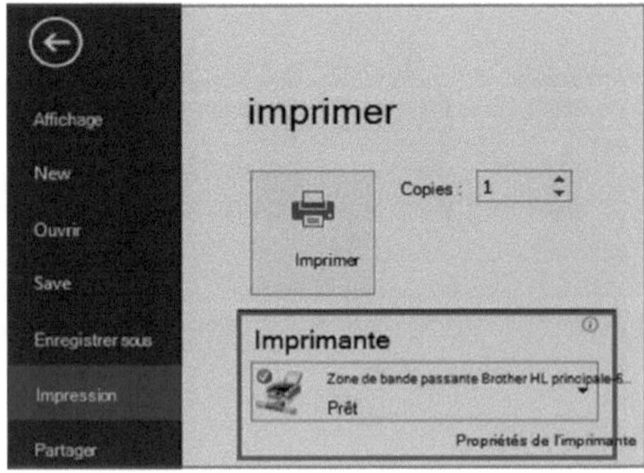

4. Clique em **Imprimir**.

NB: Pode utilizar a opção **Definições** para identificar o item específico que pretende imprimir. Clique no menu pendente **Settings (Definições)** e, em seguida, clique em **Print Selected Graph (Imprimir gráfico selecionado)** para imprimir apenas o gráfico ou clique em **Print Entire Workbook (Imprimir todo o livro de** trabalho) para imprimir todo o livro de trabalho.

CAPÍTULO VII
FUNÇÕES FINANCEIRAS EXCEL

VII.1. CÁLCULO DO VALOR GANHO ATRAVÉS DA FÓRMULA DE JUROS COMPOSTOS

A **soma do capital investido e dos juros que rendeu durante o período do investimento** é conhecida como o valor ganho de um capital[7].

A função financeira do Excel VC (para Valor Acumulado) facilita este cálculo. Para aceder a ela, comece por clicar com o botão esquerdo do rato no ícone fx na barra de ferramentas standard. Em seguida, selecione a função VC na categoria Funções financeiras. Existem 5 parâmetros para utilizar esta função. Os primeiros 3 são obrigatórios e os últimos 2 são opcionais. Veremos a sua utilização mais tarde. A função VC é chamada da seguinte forma: VC (TAXA; NPM; VPM; VA; Tipo) onde

TAXAS	Taxa periódica (i)
VPM	Definir como 0 ou deixar em branco
NPM	Número de períodos (n)
VA	Valor atual (PV)
Tipo	Facultativo (deixar vazio ou colocar 0)

Um exemplo. Qual é o valor adquirido por \$100 em 4 anos a uma taxa de 8% composta semestralmente?

Solução: Basta usar a função VC (4%; 8; 0; 100; 0) e o Excel dará um valor de -\$136,86. O sinal negativo é explicado pelo facto de o dinheiro "viajar" na direção oposta. É necessário depositar \$100 para retirar \$136,86. Se quiser que a resposta final seja positiva, introduza: VC (4%; 8; 0; -100; 0).

VII.2. CÁLCULOS DO VALOR ACTUAL UTILIZANDO A FÓRMULA DO JURO COMPOSTO

A função financeira VA do Excel facilita a realização deste cálculo. Para aceder a ela, comece por clicar com o botão esquerdo do rato no ícone fx na barra de ferramentas padrão. Em seguida, selecione a função VA na categoria Funções financeiras. Existem 5 parâmetros para utilizar esta função. Os 3 primeiros são obrigatórios e os 2 últimos são opcionais. Veremos a sua utilização mais tarde. A função VA é chamada da seguinte forma: VA (TAXA; NPM; VPM; VC; Tipo) onde

TAXAS	Taxa periódica (i)
NPM	Número de períodos (n)
VPM	Definir como 0 ou deixar em branco
VC	Valor acrescentado (EV)
Tipo	Facultativo (deixar vazio ou colocar 0)

Exemplo: Queremos ter um capital de $8.000 em 15 anos, depositando hoje uma certa quantia de dinheiro numa instituição financeira que paga juros a uma taxa anual de 10%. Quanto dinheiro deve ser depositado?

Solução: Basta utilizar a função do Excel VA(10%; 15; 0; 8000; 0) e o Excel dará o valor de -1915,14. Mais uma vez, a resposta é negativa porque o dinheiro está a viajar na direção oposta. Para poder levantar $8000 daqui a 15 anos, tem de começar por depositar $1915,14 hoje. Se quisermos que a resposta final seja positiva, introduza: VC (10%; 1; 0 ;-8000;0

VII.3. CÁLCULO DA TAXA DE JURO

Digamos que um banco anuncia que se depositar 500 dólares todos os meses durante 12 anos, terá 100.000 dólares no final do período.
Qual é a taxa de juro paga pelo banco? Para responder a esta pergunta, utilize a função RATE, que devolve a taxa de juro por período de anuidade.
TAXA (nper; pmt; pv; fv; type; guess) ;

NPER : O número total de períodos de pagamento de uma anuidade ;

PMT: O pagamento efectuado em cada período, que é um valor constante ;
PV: Valor atual. Este é o montante que uma série de pagamentos futuros vale;

FV: Valor futuro. Este é o montante que pretende após o último pagamento;

TIPO: Um número que indica a data de vencimento dos pagamentos. 0 ou omitido indica o fim do período e 1 indica o início do período;
Pressuposto: um pressuposto da taxa de juro. Se omitido, o Excel utiliza 10%.
Para calcular a taxa de juro :

1. Na célula B1, introduza o número de períodos em anos.

2. Na célula B2, introduza o montante mensal a depositar.

3. Na célula B3, introduzir o valor final anunciado pelo banco.

4. Na célula B5, introduza a seguinte fórmula: =RATES(B1*12; -B2; 0; B3; 0)*12.

5. Prima <Enter>.

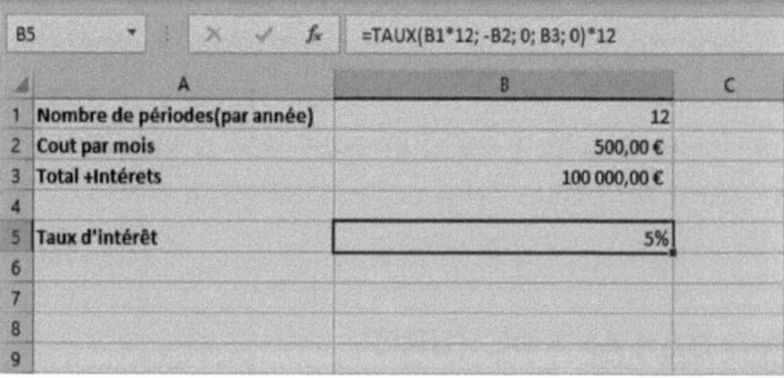

VII.4. CÁLCULO DO VALOR GANHO DE UM CONJUNTO DE PAGAMENTOS IGUAIS

A função VA (de Valeur Actuelle) do Excel é utilizada para efetuar este cálculo. Existem 5 parâmetros para utilizar esta fórmula. Os primeiros 3 são obrigatórios e os últimos 2 são opcionais. A função VA é   chamada da seguinte forma:VA (TAXA; NPM; VPM; VC; Tipo)

TAXAS	Taxa periódica (i)
NPM	Número de pagamentos (n)
VPM	Valor de cada pagamento (PMT)
VC	Facultativo (deixar em branco ou definir como 0)
Tipo	0 se a anuidade for de fim de período; 1 se a anuidade for de início de período

Nota: O resultado terá o sinal oposto ao VPM.

Por exemplo: Qual o montante da dívida que deve ser reembolsado em 12 prestações mensais de 250$ no final de cada período, a uma taxa de juro de 2% ao mês?

Solução: Este montante corresponde ao valor atual dos 12 pagamentos de $250.

Usando a função VC (2%; 12; -250; 0;0), obtemos PV = $2.643,84

VII.5. CÁLCULO DO NÚMERO DE PAGAMENTOS NO CASO DE UM ENNUITE

A função NPM pode ser utilizada para encontrar n nas fórmulas: $FV = PMT.s_{-n/i}$ ou $FV = PMT. a_{-n/i}$ A função NPM é chamada da seguinte forma

da seguinte forma:

NPM (TAXA, VPM, VA, VC, Tipo)

TAXAS	Taxa periódica (i)
VA	Valor atual dos pagamentos (PV)
Tipo	0 se anuidade no final do período; 1 se anuidade no início do período
VPM	Valor dos pagamentos (PMT)
VC	Valor acrescentado dos pagamentos (EVA)

Exemplo: Quantos pagamentos no final do mês, no valor de $200, terá de efetuar para pagar hoje uma dívida de $5.000, se a taxa de juro for de 9%, com capitalização mensal, e o primeiro pagamento for efectuado um mês após o empréstimo.

Solução: Com NPM (0,75%; -200; 5000; 0; 0), encontramos n =27,789
Ou seja, existem 27 amortizações mensais de 200€ e uma 28ème de
valor inferior a 200€ que poderá ocorrer no final do 28ème mês.

VII.6. CÁLCULO DO PREÇO DE UMA OBRIGAÇÃO NUMA DATA DE CUPOM

Este cálculo pode ser efectuado utilizando a função VA do Excel.
Chamando a A função VA é calculada da seguinte forma: VA (TAXA;
NPM; VPM; VC; Tipo)

TAXAS	Taxa de rendibilidade periódica desejada ou taxa de mercado (i)
VPM	Valor de cada cupão (C)
Tipo	Parâmetro não necessário aqui
NPM	Número de cupões restantes (n)
VC	Valor de reembolso da obrigação na data de vencimento (R)

Exemplo: Uma obrigação com um valor nominal de Uma obrigação com
um valor nominal de $1.000 com vencimento em 10 anos é emitida em
15 de junho de 2001. A taxa de juro é de 8% com capitalização
semestral. Calcule o preço que um investidor deve pagar em 15 de
junho de 2001 para obter uma taxa de rendibilidade semestral de 6%.

Solução:

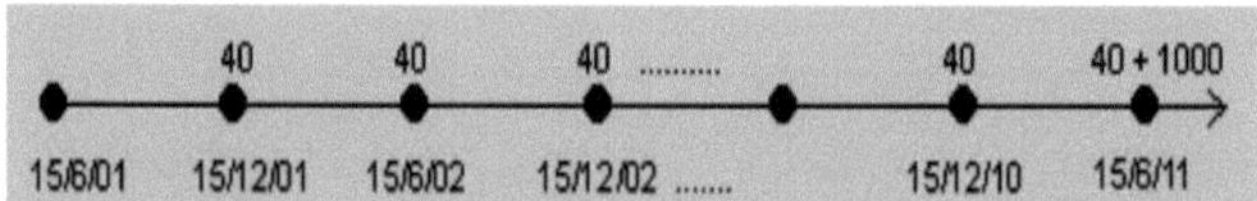

O preço da obrigação em 15 de junho de 2001 corresponde ao valor
atual dos 20 cupões de $40 mais o valor atual do resgate de $1.000.
Utilizando a função VA (6%; 20; -40; -1000), verificamos que o preço é
igual a $770,60.

BIBLIOGRAFIA

❖**Os livros :**

Curriculum National des Humanités Techniques Commerciales, março de 2014;
Jacques LONCHAMP, Introduction aux systèmes informatiques, Paris, Dunod, 2011.

❖**Sítios Web :**

https://www.ionos.fr.
http://www.ordinateur.cchttps://www.arobase.org
https://www.schoolap.com
https://support.microsoft.com
https://www.blog-nouvelles-technologies.fr
https://www.coursinfo.fr

MATERIAL DE MESA